傅敏＝編『傅雷家書』より

榎本泰子【訳】

ピアニストの息子に宛てた父の手紙

君《きみ》よ 弦《げん》外《がい》の音《おと》を聴《き》け

樹花舎

解説にかえて

ポジフィルムとしての『傅雷家書』

白井啓介

出会いは偶然

傅雷との出会いは、もう二〇年以上前になる。一九八二年の五月頃、たまたま東京神保町の中国書専門の内山書店で、音楽書コーナーに、気の利いた白い装幀の小型の『傅雷家書』（三聯書店、一九八一年初版）を見つけた時だった。畏友の刈間文俊からフー・レイという名前だけは聞きかじっていたので、ああこれかと、思わず手を伸ばして購入したのが、そもそもの始まりだった。早速中を眺めると、今までの中国文学作品では味わったことのない、異質の世界がそこにはあった。もう文化大革命は終わっていた。だから、革命的狂騒の世界に比べて異質というのではない。

当時の私は、中国語教師として就職はしたものの、自分の底の浅さを思い知って、それまで読まないままでいた現代文学（中国の区分に従えば当代文学も含めて）の著名作品を、いわば補習のように読みあさっていた。文学史上で名前は知っているが、原書を直に読んでいなかった作家、たとえば郁達夫も沈従文も、趙樹理も周立波も、そして私の欠落としてはより大きな比重を占める五〇年代から六〇年代初めにかけての長編作家、楊沫や曲波、梁斌や呉強等々、手当たり次第「補習」していた。一つには、それまでの私の怠慢が原因だったが、いま一つには、中国の事情が原因で、これらの作家の作品が満足に出版されていなかったからだ。一九七六年に文革が終わり、七〇年代の末から八〇年代初めにかけては、五四以来の「名作」の再版が次々に出されていたのだった。この時期をおいて、「補習」の時はなかった。

ところが、こうした中国現代文学の「常識的世界」と比べて、『傅雷家書』は違っていた。

封建的因習の弊害でもなければ、帝国主義の抑圧でもない。秧歌《ヤンコー》でもなければ、軍閥や匪賊との戦いでもない。労働者、農民、兵士でもなければ、国民党との熾烈な暗闘でもない。代わりにベートーヴェンとモーツァルト、スカルラッティ、そしてロマン・ロランやバルザックが熱っぽく語られる世界だったのだ。中国現代文学にもこういう世界がありか、というのが当時の私の偽らざる思いだった。

それまで、中国現代文学を読み理解するということは、バルザックやベートーヴェン、モーツァルトを禁欲することと同等だ、と思い込んでいた。資本主義のブルジョア文化の産物とは別の次元で享受しなければならないとの「イデオロギー」が、いまだに刷り込まれたままだったからだろう。『傅雷家書』は、そんな私の幼稚な思いこみを、解きほぐす働きをした。

大体、装丁が洒落ていた。白い地に、線画で羽ペンと傅雷の横顔が描かれ、タイトルはブルーの小ぶりの字体だ。その頃私が慣れ親しんでいた中国書とは、趣はまさに天の南、地の北ほど隔たっていた。それまで私が多く手にしていたのは、ゴチック文字と油絵風の原色の、力強さを誇示する装丁の書だったから、こういう『傅雷家書』は、ごく自然に、当時の私の一種のオアシスのような心休まる書物となった。あるいは、「補習」中に、ふと手に取った小説が無性におもしろくて読み耽ってしまう、そんな状態だった。また、英語でもなく、日本語でもなく、中国語でこういう世界を味わえることに、何だか得をした思いでもあった。もっとも、その内容が、そんなに軽いものでないことは、本書を読めばすぐに分かることだが、その頃の私は、そんな心躍る思いで、素直にこの『傅雷家書』を読むことが楽しく、一人暮らしの陋屋で時を忘れていた。

ただ、これほど「私的」な書信に、世界中の文学芸術を教養として漂わせていることに、大きな驚きを感じたのも事実だった。

その後、私は傅雷と家書について学会で報告してみたり、続いて何とか翻訳してみようと悪戦苦闘し、その一部を、当時参画していた『凱風』（凱風社）という雑誌に連載したりと、傅雷に向き合うことが続いた。結局、私の力では手に負えず、翻訳も傅雷論も力及ばず、その後立ち消えになってしまった。力及ばず、と言えば聞こえはよいが、実際のところ、私は「逃走」したと言った方が適当だった。その理由は、後に述べるが、私が「見て見ぬふり」をしている間に、傅雷の位置は、中国でも、そして日本でも着実に地盤を固めていったのだった。

家書は私信だが……

『傅雷家書』は、中国のフランス文学者傅雷（一九〇八～一九六六）が、息子でピアニストの傅聡《フーツォン》に書き送った私信を集めた書簡集だ。一部分次男の傅敏に書き送ったものも含むが、基本的には海外に留学し、その後中国の政治的動乱の影響で英国へ移らざるを得なくなり、長年にわたって故国を離れていた傅聡宛のものである。

傅雷のペンは、一九五四年に傅聡がポーランド留学のため上海を後にしたその翌日から執り始められ、一九五四年から六六年まで足かけ十三年間続けられた。こうした『傅雷家書』の構成や出版の経緯については、あとがきで訳者の榎本泰子氏が詳述するから、ここではこれ以上触れない。書簡の内容も、本書の翻訳本文を読んでもらえば、十分よく分かると思うから贅言は弄さない。

ただ、この書は、父傅雷から傅聡に宛てて十数年間にわたって送られた私信であることを、まず基本的に了解しておきたい。父親からの手紙、母親からの手紙というのは、普通の常識で言うと、作家や芸術家の評伝を執筆する研究者でもない限り、他者にとってはあまり興味を惹かないのが通り相場だ。または、「限りなき愛の」とか「苦難の時代の」とか、「涙と感動の」とか、その価値観や境遇を共有しない者にとってはおもしろくもない、しかし分からない等と言うとお叱りを受けそうな、そんな類のものが多くなりがちだ。別の言い方をするなら、書簡集が一般の人々に読まれるためには、作家誰それの書簡とか、誰それと誰それの間の通信という具合に、執筆者が作家や革命家、偉人等の有名人であることに依存して、その書き手の存在によって意義付けられることが不可欠だ。

ところが、この『傅雷家書』という書簡集は、著者傅雷の盛名を裏付けとして名を馳せたわけではない。『家書』が出版された当時、傅雷は、中国国内においてすら、失礼ながらそれほど名を知られた存在ではなかったのだ。さらに言えば、この『家書』は、ナチスの迫害の下での極限的な状況を世に明らかにするという種類のものではないし、戦時下の閉塞的状況にあってその時代を共有する人々の間に共感される境遇を記すというものでもない。もちろん、傅雷にも中国の暗い一時期を厳しい立場で生きなければならなかった事情は存在していた。だが、『傅雷家書』は、そうした時代の状況性に依存して読まれるものではない。間違いなく私的な書信でありながら、ここには限られた範囲の人の興味しか惹かぬ閉鎖性がないのだ。

『傅雷家書』が出版されるや、傅雷人気と声望が高まり、八一年から八五年にかけて『傅雷訳文集』全十五巻が安徽人民出版社から刊行され、『傅雷家書』は中国国内では、特に文学、芸術系の学生層を中心に一時ブームを引き起こし重版を続けるにいたった。八四年には増補版が刊行され、この種の出版物には珍しく百万部近い売り上げにまで達していた。また八三年には三聯書店から、ロマン・ロランの「ベートーヴェンの生涯」「ミケランジェロの生涯」を含む『傅訳伝記五種』が刊行され、八四年には息子傅聡との音楽談義をまとめた『与傅聡談音楽』が、さらに傅雷の美術史の講義をまとめた『世界美術名作二十講』も三聯書店から出された。また傅雷の伝記や、彼の業績についての評価、研究も大幅に進み、八六年には天津人民出版社から葉永烈編の『傅雷一家』が出版され、また八五年の六月には北京図書館で「傅雷家書墨跡展」が開かれ、書簡から直筆原稿、そして遺書まで展示していた（本書では、巻末にこの遺書を収録する）。

かつて中国の出版部数は、その人口のゆえに世界最高を誇った。だが、それはたとえば、会社や機関で一括購入して構成員に配布される、いわば福利厚生の一環、または政治学習の教材として半ば強制購入する政治的文献集などが、とんでもない部数を記録したのであって、消費者が任意で購入する書籍は、そんなに発行部数を押し上げたりはしない。かつては『毛主席語録』や『毛沢東選集』がこれに当たり、近くは『鄧小平文選』なども学習用に驚異的な部数を出した。ところが近年では、書籍の売れ行きはさっぱりのようで、そんな中で、『傅雷家書』が、個人読者が購入した累計として百万部を超える発行部数を記録したことは驚嘆に値する。

このように、『傅雷家書』が世に広まったことについて、いま少し考えを巡らしてみると、一九八一年にこれを出版した三聯書店の仕掛け人たちは、ある種の狙いを込めていたと推測する。あまりに先細りになった当時の中国人の「知」のあり方を問い直す、そんな深い思いがあったのではないか。八五年に北京で三聯書店を訪れ、当時総編集長であった范用氏にお目にかかって翻訳の試みを打診した際、私はそのことを感じた。彼らにとって、この『傅雷家書』は、ただの教養趣味の書籍ではなく、知を総合し、世界を共有するための戦略を担っていたはずだ。ちょうど、劉心武が小説「クラス担任」(邦訳は、『傷痕　中国短篇小説集』一九八〇年、日中出版に収録)で提起したように、権威付けられたものしか受け付けない、そういう思考の衰退を脱却し、自立思考を取り戻し、世界中の幅広い知見とものの見方を摂取する中で自己を見つめ直す、その一環として、他でもなく中国の先達である傅雷の、子息に向けた教養主義的教導をぶつけてきたのだろう。

『傅雷家書』は、まさにこれにうってつけだった。

赤子之心

傅雷の書信で、彼が全力を傾けて傅聡に芸術の何たるかを飽くことなく説く、そのエネルギーには読む者すべてが驚嘆させられるはずだ。これが、我が子への愛情に発するものなのか、文学芸術への情熱に由来するものなのかは、容易には量りかねる。父としての愛情に発するだけなら、父親となることは、実に大変なことと逃げ出したい思いにとらわれてしまう。また、文学芸術への情熱に由来するだけなら、これまた文学者としては息つく暇もない緊張に、辟易する。傅雷が自己の芸術的素養をすべて、一人前の芸術家へと成長しつつある傅聡に傾注したのは、彼の人生と芸術のすべてを支える原理に発するものなのではないか。

彼の書信には、しばしば「赤子之心」という語が登場する。「純潔無垢、清らかさを指すだけではなく、愛をも指す」と言い、「心の底から発する、誠実で潔白、高尚なものであって、すさまじい忘我の愛だ」と説明するフランス語の「偉大な心」と対置させる。おそらく、傅雷の家書に充満する圧倒的な力は、この「赤子之心」なのだろう。その点でこそ、彼の「教育」は、並大抵の凡庸な「教訓」や「指導」を遥かに凌駕するものとなり得ているのだと思う。

『傅雷家書』が、傅聡に対してあまりに情熱あふれているがため、中国の年若い読者には反発を覚える向きもある。それは、中国の子弟教育の伝統に連なる連想を呼ぶためのようだ。中国では、長男に父親が持つ文化的素養のすべてを注ぎ込み、次男以下や娘には比較的冷淡な家庭教育の伝統が存在した。長男を守り育てるためにこそ、次男以下は奉仕するものとの位置が与えられていたのだ。こういう家庭教育の因習が想起されることから、傅雷の教育の情熱は長男の傅聡にばかり向けられ、次男の敏には冷淡だと感じ取る理解の仕方が生まれたのだろう。しかし、『傅雷家書』の中の敏宛の恋愛談義などを見れば、ことの真相は自ずと判明する。しかも、一方は遠く異郷にあり目が行き届かぬ息子であり、一方は親元近くにあり日々の行き来が何かとあり得る息子だ。

写真を見る限り、長男の傅聡は母親似の顔立ちで、次男の傅敏の方は父親に酷似した顔立ちである。年少の頃はそれぞれ逆であったようにも見えるが、近年の面立ちは、まさに兄弟それぞれ父母の面差しをそれぞれに引き受けているかのようだ。だからどうと言うことはないのだが、だからといって、そのことが何でもないということでもあるまい、と思う。だんだん親父（母親）に感じが似てきたと周囲に言われる頃、我々は親を客観的に捉えられるようになる。と同時に、自分の中の親の血を実感するのではないか。今や、傅聡も傅敏も、父と母の生涯の年齢を超えている。

忘れられた文学者

文学者としての傅雷を認める視点も忘れてはならない。それは、我々が従来常識として認識してきた、五四以来の中国現代文学という枠組みの見直しと連動すべきものだ。『新青年』誌を中心に展開した五四新文化運動の下に誕生した新文学は、二〇年代から三〇年代、そして四〇年代へと一連のものとして発展継続したのではない。三〇年代後半の日中戦争、特に四〇年代に入って、「孤島」期から「淪陥《りんかん》」期の上海や大後方の文学営為は、必ずしも三〇年代の延長上では語れない。そして人民共和国建国以来は、四〇年代の文芸活動と言うと、「文芸講話」の具現化と目される解放区文芸が支配的になり、事実五〇年代から六〇年代のいわゆる「人民文学」は、この系譜を継ぐものであった。そして、三〇年代後半のいわゆる「孤島」期から四〇年代の「淪陥」期と大後方での文学活動、そして日中戦争終結後の上海での文学活動は、その後大きく花開かせることなく伏流することとなったのだった。

今日中国国内でも国外でも大人気の作家、張愛玲が『金鎖記』の連載を開始するのが、一九四三年十一月の上海であり、巴金の『憩園』が出るのは四四年の重慶、日中戦争後の上海では四六年二月から銭鍾書の『囲城』が連載され、路翎《ルーリン》の『財主底児女們』は上下巻がそれぞれ四五年と四八年の出版になる。こういう「四〇年代文学」を、翻訳文学との交錯を視野に入れて考えるべきなのは論を待たないが、その担い手の一人として傅雷が大きな比重を占めている。傅雷が『ジャン・クリストフ』の翻訳第一巻を商務印書館から出すのが、一九三七年一月。第二巻〜四巻は、四一年の一月だ。高植（一九一〇〜六〇）訳の『戦争と平和』が上海文化生活出版社から出たのは一九四〇年であり、これらの翻訳文学が、「孤島」と化した上海で、さらにはその後の「淪陥」期の上海や「国統区」で広く閲読されたことは、すでに広く知られるところだ。

中国における西洋近代文学の翻訳紹介は、通説に従うと、林紓（琴南）に始まる。だが、林の翻訳小説は、外国語を解さない林が、通訳者の口語訳を、中国の美麗な文語文に直し、つまり原文のニュアンスや表現のありかたに目を向けるより、ストーリーと人物を借りた、「翻案」に近いものだった。しかも、全訳でない場合が多かった。中国での翻訳小説は、世界中の名作を短時間に紹介せねばならなかった事情により、体系性や、作家ごとの作風については等閑視されざるを得なかった。それが、全訳や翻訳の個人全集が登場するようになるのが、ようやく四十年後のこの時期になるわけだ。

ついでにつけ加えるならば、張愛玲を最も早く認め、その才能を高く評価したのは、他ならぬ傅雷その人だった。一九四四年四月に、柯霊主編の『万象』に「迅雨」の筆名で発表した「論張愛玲的小説」で、張愛玲がすでに三〇年代文学の域を脱していることを指摘している。

現在までに、評伝類のほか、傅雷の文学芸術面での業績を知る著作が、二十巻の全集（遼寧教育出版社、二〇〇二年十二月）を含めて多数公刊されている。

傅雷は、オリジナルの創作著作もあり、当然作家、もしくは文芸批評家の称が与えられてしかるべきなのだが、それらはこの全集にようやく収められた。もっとも、傅雷の全著作の中で、創作の占める割合は、翻訳に比べて極めて小さい。全集二十巻の中、翻訳が十六巻分当てられるのに対し、創作は評論と芸術論を含めて二巻のみ、という具合だ。

むしろ、翻訳そのものを文学的営為と評価すべきで、傅雷は、押しも押されもせぬ文学者と認められるべきだ。

それでは、傅雷の翻訳家としての本領をどのように見極めるのか。これは、我々日本人には至難の課題だ。外国語であるフランス語を、これまた外国語である中国語にどのように翻訳したのか、どれほど卓越した表現で翻訳しているかを測定しなければならないからだ。この点、傅雷の翻訳では、その訳文がどのような特質を具えるかについて、すでにいくつかの研究が進められている。香港翻訳学会が設立二十周年記念として企画した『傅雷與他的世界』には、編者である金聖華の『傅訳「高老頭」的芸術』を収めるが、ここで金聖華は、バルザックの『ゴリオ爺さん』の翻訳を詳細に検証する。翻訳家傅雷の実相を知るために、少し目を向けてみよう。

まずはタイトルの〈*Le Père Goriot*〉。日本語では「ゴリオ爺さん」と訳されるものだが、傅雷は「高老頭《カオラオトウ》」と翻訳する。「老頭」は、老人を指す語で、名前を「高里奥《カオリアオ》」と訳し、つまり中国人にもあり得る名字の「高」と、後ろの「里奥」を名前であるかのように訳したことで、受け入れやすく処理したわけだ。一方、もう一つの中国語訳である穆木天訳（一九五一年上海文通書局出版）では、「勾利尤老頭子《コウリヨウ》」とする。「高老頭」の方が簡単明瞭で、読む時にも口にしやすいと、金聖華は言う。

また、下宿屋の食堂の様子を描写する箇所で、日本語訳では次のような一節がある。

この食堂がもっともその光彩を放つのは、午前七時頃、……まもなく女将も姿を現わす。きざったらしくかぶったツル織の布帽の下からは、入毛の付髷《かもじ》がゆがんではみ出している。しわだらけにすぼまったスリッパを、足に引き摺ってだ。老けた小肥りの顔の中央には、おうむのくちばしのような鼻が出張っている。小さなぽっちゃりした手、教会にしげしげ通う信心家のようにでっぷりとした物腰恰幅、充溢しきって波を打っている胴着、そういったすべては、打算心がうずくまり、わざわいが泄ってきているこの部屋と、ぴったり調和をかもし出していた。（「ゴリオ爺さん」、小西茂也訳、東京創元社版『バルザック全集』第八巻、一九七四年、一二〜一三ページ）

ここで、「教会にしげしげ通う信心家のようにでっぷりとした物腰恰幅」という表現が見えるが、ここを傅雷は、数回改訳したのだが、それぞれの版で、次のように訳を変えていると言う。

⑴肥胖如教堂執事般的身材「教会の執事のように太った体つき」（一九四六年駱駝書店版）

⑵像虔婆一般胖胖的身材「敬虔な老婦人のように丸々とした体つき」（一九五一年平明出版社版）

(3)像教堂的耗子一般胖胖的身材「教会の鼠のように丸々太った体つき」(一九六三年重改修訂版)

特に、最後の(3)の一九六三年版では、わざわざ「耗子《ねずみ》のような」との表現を付け加えている。これについては、傅雷自身が訳文に注を付けて弁明しているところでもある。

「教会の鼠とは俗語表現で、敬虔に過ぎる人間を指す。バルザックは本書において人を動物に譬えるねらいが特に顕著なため、直訳に戻す」(『傅雷訳文集』第一巻、四八三ページ)

このことを金聖華は、フランス語のこの俗語は、(1)敬虔な信徒を揶揄する表現、(2)教会の使用人、門番、聖歌隊員等の非聖職者の職員を指すが、初訳では(2)の語義を採り、二回目の訳では(1)を採り、三回目の六三年版では原文中の動物の隠喩に着目し、いわば直訳を採ったと説明する。初訳では、読者が誤解することを気づかって直訳は避けたものの、熟慮の末、直訳に戻したところに、彼の苦心惨憺の足跡が見えると述べる(『傅雷與他的世界』一八四ページ)。

以上のような、細やかな神経を注いで何回も訳し直して彫琢を究める翻訳の文体は、どのようなものだろう。それは、口語を基礎とした文体で、五四時期や二〇年代の翻訳に見られたような外国語の奇妙な「直訳」(たとえば、My darling を「親愛的」とするような)

は見られない。しかも、中国語の小説としても遜色がない文章だ。たとえば、先の下宿屋の場面で、女将が登場するところを、傅雷の訳は、次のように叙述する。

不久寡婦出現了、網紗做的便帽下面、露出一圈歪歪斜斜的假頭髪、懶洋洋的趿着愁眉苦臉的軟鞋。

「歪歪斜斜」は、「歪斜」(曲がっている)という形容詞を、描写的に生き生きと表現するための重ね型表現で、「ぐんにゃりとした」というくらいの描写性を付加する。「懶洋洋」の「洋洋」も、同様にイメージ性を付加するために形容詞の後ろに付け加えられる表現。どちらも口語表現の特質と言える。もちろん適切に文章語的表現である成語等も交えるが、傅雷の翻訳の文体は、後年はできるだけ口語文章体に向けて心血を注いだようだ。このことは、五四新文化運動で口語文体が提唱されて以来、中国現代文学で一貫して追究された問題であるが、ややもすると、伝統の重みに推されて文語文の世界に引き戻されがちだった。俗物ほど、年長ずると文語的な文章を書きたがる傾向を示すが、その点では傅雷はむしろ逆で、後年ほど口語文体を貫いたように見える。美文の蓄積を持つ文語文に比肩しうるように、口語による文章体で、豊かな表現力と含蓄、優雅な言葉遣いを具えることは、生やさしいことではないのだ。

傅雷の翻訳の文体は、実は口語の文章でどこまで豊かな表現力を示すかの、実験場であったのかも知れない。

父と子

このような『傅雷家書』を日本に紹介しようと思い立ちながら、成し遂げられなかったことは、今さらながら残念の一語に尽きる。ただ、言い訳のようになるが、力及ばず立ち消えになったのには、それなりの理由があったと今にして思う。

日本語にも同類のものがあったと思うが、中国語にも「養児方知父母恩」（子供を育てて初めて父母の恩を知る）という言葉がある。親の恩に感謝しろと押しつけがましく言うのは嫌な気がするし（少なくともそういう感情をもつよう育ってきた）、今そのことにさして関心はない。それより、自分が子を持ち育ててみて、親子の関係の中で父親としての自分の成長を知る、言葉を換えて言うなら、子の側でしかなかった時期には見えなかったことや、自分一人が生きることを模索していた時期には気づかずにいたことが、初めて見えてくるということとして考えた時、この言葉には納得がゆく。

親子関係は難しい。子として親を見る視点と、親となって自分を見つめながら、子から見られる立場。子として親を見ていたのと、親が認識するのとでは、食い違いがあるのが通例だ。その時、親がどう考えていたか、子から見た目と、親自身のそれとは違うものだ。
親は不変で、初めからいつも一貫して親らしくあるのではなく、子との交流があって初めて「親業」が上達するのだと思う。つまり、親も子との関連において学習して成長するのだ。

『傅雷家書』で傅雷が息子傅聡に語る、古今東西の教養、人生への対処の仕方のアドバイス、さらには細々とした躾に類する教えが、どのようなスタンスで行われているのか、父親の視点を欠いていた当時の私は、はっきりと掴みかねていたため、今ひとつ埋められぬ距離を感じていたのだ。私が、傅雷の翻訳に挑みながら力及ばなかったのは、たぶんこういう理由があったのだと思う。もちろん、傅雷自身の思いと、子息の傅聡、傅敏が感じた父親の情熱とは、食い違うこともあろうと思う。父親が傾けた教育を、現在はもちろん子息は真っ当に受け取り、見事に成長し、どこへ出ても父親の名を辱めることのない人間となった。だが、父親の真意がどこにあったのか、この当時若き成長期にあった息子には知るよしもなかったのではないか。傅雷が吐露する子への思いを、私も、今ならば少しは身近に理解ができる。

もう一つ私の言い訳を挙げるなら、それは傅雷という人に近づこうとすればするほど、重苦しさというか、押し出されてくるある種の充溢し過ぎた緻密さ、そんなものが重くのしかかって来るように感じられたからだと思う。傅雷の子息や関係者からすれば、そんなことはない、父（彼）は立派な人物で、人に接するにも常に穏和に、他人を咎め立てたりすることのない人だったと言われるかも知れない。だが、この『傅雷家書』から読みとれる筆者の事実を究明せんとする強靭な精神力、一事も疎かにせぬ執着心などを感じるにつけ、う～んと唸ってしまう。私には、及びもつかない強さであり、仮にもし一緒の職場だったりすると、ひょっとしてお付き合いしにくい方なのかな、などと失礼ながら考えてしまう。さらに、究極を求めて微動だにしない集中心、時として垣間見せる自信に裏付けられたある種の誇り高さ、そんなところは、脳天気な私には大いに欠けるものなので、本能的に畏怖し敬して遠ざけたくなるのだ。

傅聡の天ざる

かくして私は「逃走」したが、実はその頃、数回傅聡に会ったことがある。特に、一番初めに会った際のことは今でもありありと記憶に甦る。傅聡が公演旅行で来日した際、日程が詰まっていたため名古屋公演の会場で、公演前の僅かな時間を割いてくれることになった。

指定の時間少し前に会場のホールに着くと、傅聡はまだホールの音響を確かめながらリハーサル中だった。なにやら気に入らないところがあるらしく、「微妙なピアニッシモ」がどうのと言いつつ、音響の具合を何度も確かめている様子だった。何だか気むずかしそうだな、というのがその時の私の第一印象だった。でも、アーティストだから、そんなものだろう。そう思った。

リハーサルを終えた傅聡は、にこやかに私と挨拶し、開演まであまり時間がないので、一緒に軽く食事でもしながら話そうということになった。私も、その会場近辺は不案内だったため、手近に適当な店もすぐには見つからず、一番近くの日本そば屋へ案内した。傅聡は、一も二もなくOKだった。日本人もそうだが、大体、中国人はこういう場合、自分から特にリクエストしないのが礼儀だ。出てきた天ざるを、さあ食べましょうという段になって、彼はうずらの卵をこぼしてしまった。あれを上手に割れる人がいたら驚きだが、ところが、そのこぼしたうずらの卵を、傅聡はなんと箸ですくって食べだしたのだ。いやいやこぼれたものは、と私が制止するのも聞かず、もったいないじゃないか、と彼は言う。

傅聡は意に介することなく、そのまますするすると天ざるを食べた。私は、彼が天ざるをすする姿を目の前にして、それまで思い描いてきた傅聡像と現実になじめない感覚を味わっていた。天ざるごときをうまそうに食べるからではない。公演旅行に世界を駆けめぐる芸術家の傅聡が、こぼれた卵を「もったいない」とすくって食べてしまったことに、不意打ちを食らわされたからだ。体裁を気にしない、質素を美徳として育った、些末なことに拘泥しない等々、いろいろ理由を付与することができるかも知れない。そのいずれでもあろうし、いずれでもないかも知れない。ただこの一事で、私の中の傅聡像は、新たに親近感を加えて形成されることとなった。そういう人は、好きだ。

こういうところが、傅雷の人となりとの共通性なのだろうか、とも考えていた。もちろん、父親とは違う経歴を経、異なる境遇に生き、そこから傅聡という個性が備わるのは当然だ。傅雷より、もっと西欧的生活習慣を身につけている面も垣間見えた。電話で私をこの演奏会場に招く際、切符を二枚用意しておくと言っていたが、そんな洒落たマナーは、父の傅雷にはあったかどうか、と疑う。だが、この後、私は傅聡と傅雷に共通する「中国人」に直面する。

話は、私の危惧をよそに、順調にはかどった。傅聡は、日本人にとって必要な箇所を訳してくれ、翻訳の概要が固まったら、翻訳する箇所のリストを送ってくれ、それから必要な解説を付けて欲しい、あとはお前に任せる、という趣旨で応じてくれた。

これは、人と会って信頼関係を築き得たなら、細々したことには口を出さず、「信頼」という「掟」で人に網をかける、中国式人間関係そのものではないか。しかし傅雷は、常々傅聡に、プロモーターの餌食にされないため、契約は自分で確認し、大雑把に人任せにすることなく、細かい条項までつめろと、忠告していた。だが、今回の「営業」にならない交渉では、傅聡は中国人式の鷹揚な対応で接してきた。細心の注意を払いつつ、「信頼」という包括的関係で周辺事項を補足する。傅聡は、やはり中国人なのだ、と痛感した。そしてこれこそ、傅聡の体に流れた傅雷の血ではないのか。

私は、そのままリサイタルを聴いた。当日のプログラムは、ショパンが中心だったが、彼がリハーサルの際、「微妙的《ウェイミャオタ》 Pianissimo」が出ないと嘆いていたことが、少し分かった気がした。ピアノ、会場の音響、そういうことにまで細やかに配慮した演奏を演出するものなのか、と感服した。

こうしたことは、父傅雷の薫陶の賜物かも知れない。細やかに心を配れと、傅雷がいつも心配していたことは、『傅雷家書』の中で、傅雷がいくどとなく若き傅聡に教え諭す記述から分かる通りだ。字を丁寧に書け、もっとニートになれ、人格を磨き、思慮を深め、日常生活でも細心の心配りを行え等々、と。

翌朝、傅聡は新幹線で名古屋を発ったが、ホームで見送る私に見せた笑顔は、実に人なつっこいにこやかなものだった。この人が、中国の政治的変動により、ポーランドからロンドンに移り、その後祖国喪失の憂き目に遭いながら、ピアニストとして世界に羽ばたいている人とは、とても思えなかった。ショパンへの思い入れが強いのは、自分の境遇を投影するからだと語った前の晩とは、まるで別人のような顔だった。

ポジフィルム

このような傅雷の書信集『傅雷家書』が翻訳された。翻訳の構想を永らく温めてきた榎本泰子氏は、『傅雷家書』に目を開かれて以来、中国近代の西洋音楽受容史の研究に精魂を傾けることとなった中国現代文化研究者だ。『傅雷家書』の翻訳には、種々の難関が横たわり、特に版権所有者の極度に入念な「商品管理」には手を焼いたらしい。だが、彼女は、意志を貫く人だ。この書を翻訳紹介したいとの思いは、彼女にひるむことを許さなかった。このくらい意志の強い人でないと、傅雷には太刀打ちできない。私は、そんな彼女に拍手を送る。なおかつ、私は自分の中で勝手に「同志」と思い定め、彼女のためには骨身を惜しまず協力しよう、と意を固めた。

翻訳の出来映えについては、訳者の思い入れや情熱とは別に、客観的な評価が行われてしかるべきだし、その良し悪しは読者の審判を待たねばならない。但し、何としてもこの書を日本の読者、とりわけ親子のつながりに深く心をいたす人たち、芸術を愛し、古今東西の文化に強く惹かれる人々に読んでもらいたいと願う強い情熱がここにあることだけは、理解して欲しいと希望する。その彼女の心の中の凛とした思いは、「あとがき」に詳しいから、そちらをぜひ見て欲しい。榎本氏の訳した本書は、まさに読書の醍醐味を知らしめてくれると確信している。

できることなら、洒落た喫茶店にでも抱えてゆき、濃厚なコーヒーと、そしてもちろんタバコを気持ちよく吸いながら、この本は読みたい。音楽は、心地よい音量で、古典派の室内楽などが聞こえると申し分ない。私が昔（この傅雷と出会った頃）居住していた豊橋市には、「フォルム」という喫茶店があったが、壁面をギャラリーとしてアーティストに解放していて、その作品の写真や絵が、時折取り替えては掛けられていた。髭のマスターと目を合わせ、コーヒーを注文する。たとえば、そんな喫茶店で、この傅雷の書と午後の一時を過ごしたいものだ。だが、『傅雷家書』は、読めば読むほど、読み手そのものを浮かび上がらせる。自分の現在、家族との関係、世界の見方、人としての対処の仕方、そして今を生きるその姿を照射する。

ネガフィルムならば後で色合いや明るさを補正できるが、ポジフィルムは露出も色合いも、撮影の時から正確に、言ってみれば基本に忠実に真っ当に扱わなくてはいけない。しかし、反転がなく実相をそのままに写し、カラーも露光もそれ自身が基準となりうる。『傅雷家書』は、そんなポジフィルムのように我々自身を如実に映す。原著初版本の表紙のニートでさりげない外観とは裏腹に、内容は濃い。

二〇〇四年三月

白井啓介（しらい・けいすけ）
一九五二年生まれ。文教大学文学部教授。著書に『アジア映画小事典』（共著）、『クラウン中日辞典』（共編著）、訳書に『現代中国文芸アンソロジー　火種』（共編訳）などがある。

君《きみ》よ弦外《げんがい》の音《おと》を聴《き》け

ピアニストの息子に宛てた父の手紙

もくじ

装幀　熊澤正人

君よ弦外の音を聴け

ピアニストの息子に宛てた父の手紙

【本書を読む前に】

●本書は『傅雷家書』（傅敏編、遼寧教育出版社、二〇〇三年）の抄訳である。翻訳の際には同書を底本とし、必要に応じて旧版の『傅雷家書』（三聯書店、一九九八年増訂第五版）および『傅雷全集』第十九巻（家書巻、遼寧教育出版社、二〇〇二年）を参照した。

●原著は手紙を投函された順に配列し、年ごとに分けているが、本書は日本の読者にとってわかりやすいよう、配列を崩さないまま、内容で章をもうけ、訳者によるタイトルと簡単な解説を付した。

●原著では、数日にわたって書き継がれた手紙が一度に投函された場合、それを一通と見なし、「一月十八日晩／十九日晩」のように示している。本書もその方法を踏襲し、さらに西暦を付け加えた（例：「一九五四年一月十八日晩／十九日晩」）。

●傅雷の妻、朱梅馥による手紙は日付のあとに（母より）とした。傅雷が傅敏に宛てて書いた手紙は日付のあとに〔傅敏への手紙〕とした。

●原著には、英語またはフランス語で書かれた手紙も中国語訳した上で掲載されている。私信という性格上、原文を参照することができないため、本書ではやむなく中国語から訳出し、日付のあとに〔英語で書かれた手紙〕と示した。

●原著でもともと省略されている部分は［……］で示し、訳者が抄訳にあたり割愛した部分は〈……〉で示した。

●原注は編者の傅敏によるもので、訳出する際には本文に＊をつけて、見開き左のページにまとめて示した。外国語の解説など、日本の読者に不要と思われるものは省略した。

●訳注は本文の中に〔　〕で示した。

●原文に英語等の欧文が混じる場合はそのまま示し、訳注として日本語の意味を付した。原著には英語式、フランス語式の綴りが混在し、アクセント記号が欠落している単語もあるが、テクストを尊重し、特に訂正を加えなかった。

●底本で太字になっている部分は旧版の傍点部分に相当する。本書では圏点を付した。

旅立ち

一九五四年一月〜

ポーランド留学が決まった傅聰《フーツォン》は一九五四年一月に上海を発ち、北京で出国の準備に入った。父から子への手紙はこの時に始まる。傅雷《フーレイ》は息子との思い出に浸り、いつも厳しい態度で接していた自分を苦い思いで振り返る。

一九五四年一月十八日晩／十九日晩

聰《ツォン》。列車が動き出した時、みな涙で顔がくしゃくしゃになり、呆然とホームに立ちつくしました。長い列車ががたごととすっかり駅を出て行ってから、やっと家路につきました。駅を出る時に沈おじさん〔沈知白。音楽学者でのちに上海音楽学院民族音楽系の初代主任を務めた〕が何度も私を慰めてくれました。しかし家に帰る輪タクの上で、みな涙が止まらなくなり、敏《ミン》〔傅雷の次男〕はずっと泣きじゃくっていました。昨日は一晩中よく眠れず、たびたび目が覚めました。今日の昼寝の時も、まどろんだかと思うと、またはっと覚めてしまいました。昨晩ホームで味わった気持ちは、本当に何年ぶりのことでしょうか。みぞおちがちくちく痛み、胃は重く、こんな経験は昔失恋した時だけです。今日は一日、まるで大病をしたあとのように、全く力が出ませんでした。お母さんはいつでもどこでも泣きたくなり――目はすっかり腫れておばけのよう、乾いても痛いし、やっぱり我慢できずに泣くのです。「朝から晩までにここにこしどおし」と言っただけで、お母さんはまた涙にむせび声になりません。本当に、息子よ、君は今回文字どおり「朝から晩までにここにこしどおし」でしたね！　どんなに別れが辛かったことか！いつも去年の正月の事を思っては、良心がうずきます。* 息子よ、君に辛く当たったことを、私はいつまでもすまないと思い続けるでしょう。こんな罪は、永遠に償うことはできません！　これらの思いが一日中頭を離れませんでしたが、お母さんには話せませんでした。人生で一つ間違ったことをすると、良心は永久に安らぎを得ることはできないのですね！　なるほど、バルザックが言ったことは正しかった。「ある罪は償うことはできても、ぬぐい去ることはできない」！（十八日晩）

昨日の晩床についてから、また君の小さかった頃を思い返しました。かわいそうに、どうして君の幼年時代は私のとこんなに似ているのでしょうね？　君が小さい頃から味わっ

＊（原注）一九五三年の正月、ベートーヴェンのヴァイオリンソナタの中でどれが最も重要かという問題について、傅聡は父と激しく言い争った。傅聡は自分の音楽性に基づき、父がソナタ第九番「クロイツェル」を最も重要であるとしたのに同意せず、ソナタ第十番こそ最も重要であるとした。二人は互いに譲らず、父は傅聡があまりに高慢だと思い「どれだけ本を読んだというんだ？」となじった。当時外国の音楽界では一般に第九番が最も重要と見なされていた。したがって父は考えを変えず、こうして二人の間に重大な衝突が起こった。父が激怒する中で、頑固な傅聡は毅然として家を出、父の親友である毛楚恩の友人、陳伯庚の家に一か月近く身を寄せた。その後傅雷はおじが亡くなったことから、人生がかくも短いのに、父子がこれほどむきになる必要があるのか、と感じるところが多かった。そこで傅聡が家に帰るよう、傅敏を迎えに行かせ、二人はやっと和解した。

てきた挫折が、今日の成功に役立たなかったわけではないことは知っています。けれども、私は父親として、やはり多くの重大な過ちを犯してきました。これまで友人や社会に対しては、顔向けできないようなことは何一つしていないと、自分でも思います。しかし家では、君やお母さんに対して、良心に恥じるようなことをたくさんしてきました。[*]――こういうことが、この一年ほどいつも頭に浮かびますが、ここ数日は特に頭を駆けめぐって、まるで悪夢のようです。哀れなことに、四十五歳を過ぎて、やっと父性が目覚めたのです！

今日もまだ元気が戻りません。人生の関門をくぐり抜けるのに、これで終わりということはありません。まもなく通り抜けられると思った時には、もうこの世を離れなければならないのです。この二日間の心の揺れは、たぶんこういうことでしょう――私は今ほど強く君を愛したことはない。そして最も強く愛したその時に、別れが来てしまったのです。この関門は、私にとって、またお母さんにとって今まで経験したことのない試練です。忘れないでください、お母さんの君に対する愛は、並の母性愛以上のものです。お母さんは君にそそいだ心血が最も多く、君ゆえに味わった苦労が――それはもちろん私の過ちですが――最も多く、しかも一番身にしみて辛いものだったのですから。庭師が血と涙で咲かせた花は、いずれは世に送り出されて人々が愛でるものとなります。しかし別れにあたって、手放しがたい気持ちをどうして抑えられるでしょうか。

君の辛い幼年時代は、父親としてのあり方を知らなかった私の壮年時代にそのまま重なります。幸い君は天分に恵まれていたので、どんな打撃にもくじけることはありませんでした。そのことは私の罪の一部を減らしてくれるでしょう。しかし結果は結果であり、あの頃のことはまた別の問題です。自分の過去を葬り去ろうとも、過ちまで葬ることは到底できません。ああ、息子よ、私の息子！　どんなふうに抱きしめたら、私の悔恨と強い愛を示すことができるでしょうね！（十九日晩）

一九五四年一月三十日晩

愛する息子よ。行ってしまった次の日にはもう手紙が書きたくなりましたが、うるさがられると思ってやめました。けれども君を思わない日はありません。毎朝六時か七時には目が覚めます。一晩中寝返りばかり打って眠れないのは一体なぜでしょう。クリストフ

＊〔原注〕父は子供の教育にきわめて厳しく、時に人の情にはずれることがあった。母はそのためしばしば精神的に苦しんだ。

〔ロマン・ロラン『ジャン・クリストフ』の主人公。傅雷は同書の翻訳で知られる〕の母親が一人家にいて、息子の幼い頃の姿を一つ一つ思い浮かべるように、私はお母さんと、君の二、三歳から六、七歳までの出来事をいつも思い出しています。――こういう話をしだすときりがないのですが、あまり言わずにおきましょう。君の年頃は全てが前向きで、後ろを振り向いたりはしたくないものでしょうから。君がおむつをしていた頃のこと、鼻水をたらして泣いていた頃のことをくどくど言い出せば、きっと嫌がるに違いありません。息子よ、それは私もよくわかっているし、お母さんもわかっています。けれども君についてのあらゆることが、私たちの脳裏に死ぬまで焼き付いて離れないでしょう。それは折りに触れて浮かび上がってきて、かずかずの小さな絵のように私たちを楽しませもし、悲しませもするでしょう。

本当に、君が家にいたこのひと月半*は、私たちの一生で最も楽しい日々でした。この幸せを誰に感謝したらいいでしょうか。信仰を持っていなくても、今度ばかりは思わず神様に感謝したくなりました！　私が嬉しかったのは友達が一人増えたことです。息子が友達になるということ、こんな幸せに勝るものがこの世にあるでしょうか！　たとえこの先どれだけ離れていようとも、少なくとも私の心は暖かいし、孤独ではありません。時代に取り残されず、ぼけもせず、君に嫌われることのないようにしようと思います。また、私が高い山の頂に立って考えたこと、眺めたことが、君たちより間違っているとは思わないでください。年を重ねた人は行く手を見渡すことができるし、はじめは私が間違っていると思ったことも、しばらくたてば、そうでもないことが、現実を通じてわかるでしょうから。息子よ、私が君から学んだことは、おそらく君が私から得たことより多いでしょう。特にこの三年ほど、君のおかげで私は人生においてどんなに貴重な体験をしてきたでしょうか。君と生活を共にする間に、私は忍耐を学び、上手な話し方を覚え、感情を昇華することを知りました。

君が行った次の日、お母さんは泣いてばかりで、目が腫れて何日も治りませんでした。これは悲喜こもごもの涙というのでしょう。私たちは恥ずかしがらず、君に嫌われるのを恐れずに言いましょう。人間は結局のところ感情の動物です。それがたまたまあふれ出た

＊〔原注〕傅聡は一九五三年初夏、ルーマニアの世界青年交流祭ピアノコンクールに参加したあと、中国芸術代表団と共にポーランドと東ドイツを訪れ演奏した。十月末に北京に帰り、十一月末に上海に戻って家で一か月半過ごしたあと、また家を離れて北京で学習に参加し、ポーランド留学の準備をした。

からといって恥ずかしがることはありません。ましてや母親の涙は永遠に神聖で、慈愛に満ちたものなのですから！

一九五四年一月三十日晩（母より）

愛する聡君。昨日から私たちはあなたの手紙を待っています。日にちを数えてみれば、もう来ても良い頃ですけど。母さんをどんなに心配させ、はらはらさせているかわからないのですね。あなたが行ったあと、ピアノを運び出すために忙しかったのですが、今日の昼もう旅行社の車が持っていきました。貨車に余裕ができたら運ぶそうです。旧暦の年末ももうすぐですから、私はまた家事で、一日中あれやこれやと忙しいけれど、ちょっと暇ができると、それから夜中になると、いつもあなたのことを思います。お父さんと二人、昔のことや今のこと、あなたの話をしていると、うきうきしてしかも切ない気持ちでいっぱいになり、涙があふれて抑えることができません。今回あなたが戻って来たひと月半は、本当に記念すべきものでした。私の一生で一番楽しく、一番わくわくし、一番幸せな日々でしたから。あなたがた父子がうちとけて、思いのたけを語り合い、何も気を遣わずのびのびしていたので、以前いつも感じていた不安が一掃されました。あなたがたの話に喜びいっぱいで耳を傾けながら、私はどんなにか幸せで、慰められたことでしょう。苦しみと引き替えに手に入れた喜びこそが永遠に続くのです。私たちが将来一緒にいられる時間は多くはないけれど、この思い出を、この宝のような思い出をよりどころに、私も涙をふいて笑うでしょう。私たちの間には、「愛」のほかには、何も言うべきものはありません。あなたの夢と将来について私は楽観的だけれど、こんな母と子の情だけは捨て去ることができません。手紙をしょっちゅうくれさえすれば、そして「親愛なる父さん母さん」という字が見られさえすれば、それで私は満足ですから。

一九五四年二月二日（旧暦の大晦日）

［……］昨晩七時十五分から八時五十分まで、ラジオで君のピアノが流れました。市立三中で弾いた四曲の*Chopin〔ショパン〕と、encore〔アンコール〕のPolonaise〔ポロネーズ〕

＊〔原注〕傅聡が北京に行って出国の準備に入る前、上海音楽家協会は上海市第三女子中学校で傅聡のお別れ演奏会を開いた。演奏会の前、上海音楽家協会主席の賀緑汀によって、傅聡が招待されポーランドのコンクールに参加すること、そして留学することが正式に発表された。

です。効果はとても良かったのですが、低音の部分はこもっていました。ピアノの音は浮いてしまって、私が一日目の夜、人のいない小講堂で聞いた感じと似ていました。演奏について言えば、大体良かったでしょう。勢いがよく、元気にあふれていますが、細かいところは非常に細かく、tone〔音色〕の変化がとにかく多い。私たちは聴いてとても嬉しく、感動しました。よくやったね、一体何と誉めてあげればいいでしょう。五一年の四月、君が昆明から上海に戻って来たばかりの頃を思えば〔傅雷一家は国共内戦末期、上海から昆明に避難したが、一家が上海に戻ったあとも、傅聡だけはしばらく昆明に残っていた〕、ちょうど山のふもとから中腹にたどりついたところですね。これからは気をつけてあらゆることに励み、いつかきっと頂上にたどりつくことを願っています。録音からは君が全ての面で成長しているのがはっきりとわかりました。特に私が長年待ち望んでいた——君の意志が、ついに頭をもたげたことが。どんなに嬉しかったか、私はこの点が何より大切だと思っていましたから。曲をしっかりつかめるのは、芸術に対する理解が深まったということですし、君の芸術的な魂がより強くより開けたものになったということです。そしてまた君の人格と度量が大きくなったということなのです。息子よ、私は Bronstein〔ブロンスタイン〕先生*の手紙にあった言葉を繰り返しましょう——「あなたを誇りに思います！」

今日は大晦日です。君が遠くで勉強に励み、がんばっていることを思うと、喜びで胸が一杯になります。さようなら息子よ、心の中で君を抱きしめます!

一九五四年三月二十四日午前

愛する息子よ。今回二十日も経ってからやっと手紙が来ましたが、自分が病気だったので、君も病気なのではと心配でした。私は三月十二日から続けて三、四回も熱が出たり引いたり、しかも毎回とても高かったのです。前回熱が引いてから君に手紙を書きましたが、二十二日の午後また高熱が出て、林おじさん〔林俊卿。声楽を学んだ経験と内科医としての知識を生かし、声楽研究に独自の境地を開いた〕に診察してもらい、気管支炎だと言われました。幸い一日半で下がりましたが、体が何度も打撃を受けたので、すぐには治りそうにありません。

公の団体の中では、任務を果たすために普段の勉強が妨げられるのはやむを得ないし、私はとっくに予想がついていました。どんなことも君自身が意志と立場をしっかりもって、指導者に向かって婉曲にかつ強く求めなければなりません。そうしなければ出国の準

＊〔原注〕もと上海音楽学院ピアノ科のソ連国籍の教授で、傅聡を指導していた。一九五二年に中国を離れたあと、ずっとカナダで暮らした。

備などどれだけできるでしょうか？――特に楽理の方が、私はずっと心配です。これからは、何でも君自身の根気と、信念と意志――実践的な意志にかかっているのです。もう一度教条的な話をするつもりはないし、去年の長い三通の手紙に、考えていることは全て書きました。君ももう大人なのだから、繰り返す必要はないでしょう。しかしもし勇気がなくなったら、できるだけ手紙で知らせてください。励ましてあげますから。気持ちが落ち着かない時は、正直に話してみてください。私が慰めてあげますし、君に替わって大小の悩みを解決してあげます。〇〇さんのことは、私に態度をはっきり示したように、君がちゃんと実行できると信じています。君はまだ若いし、出国を間近に控えています。見識や、好みや、興味もこれからどんどん変わるでしょう。条件がすばらしく揃っていても、今後三、四年のうちに互いの見方が変わらないとも限らないし、二人の気持ちがずっと同じままであるかどうか保証できません。何より時間をかけて試してみることです。私は二十歳で国を出、その前にはお母さんと婚約していましたが、外国での四年の間、お母さんに対する見方は何度も変わって、激しく揺れ動きました。この実例を参考にして、私よりも慎重に、少しでも苦しまずに済むようにしてください――特に勉強と、君の芸術の未来のために！

それからもう一つ。私は一生のうちどんな時期でも、恋愛に一番夢中になっていた時でさえ、学問に対する忠誠を忘れたことはありません。学問第一、芸術第一、真理第一、そして愛情は二の次。これが変わることのない原則です。君の置かれている状況は私と違います。若くして志を遂げたのだからなおのこと、「盛名の下、その実そいがたし〔どんなに名声のある人でも、その実際と名声が一致することは珍しい。『後漢書・黄瓊伝』による〕」という言葉をよくかみしめなければならないし、もっと身を慎んで、国民の期待を裏切らないようにしなければなりません。政府に対する感謝の気持ちは、行動で表してこそ真の感謝と言えるのです！　君の心の中にある神は、きっとBach〔バッハ〕やBeethoven〔ベートーヴェン〕やChopin〔ショパン〕でしょう。それらが第一で、恋人は第二なのです。そうである以上、今使うことのできるエネルギーと時間は、まず第一の神に捧げるのが精一杯で、第二の神にはまわらないはずです。そうではないですか？　残念ながら君は創作の方法を学んでおかなかったので、もし学んでいればあり余る感情を（曲に）書いて発散させることもできたでしょう。芸術家は必ず自分の感情を「昇華」しなければならず、そうしてこそ人のために有益なものとなるのです。手紙を見て君の悩みを大げさにとり、気をもんでいるわけでは決してありません。しかしやはり悩んではいるのだろうから、思いつくことを話してみれば、気が晴れるだろうかと思ったのです。

一九五四年四月七日

聡君。私は十三歳から十五歳まで三年間、フランス語を習いました。先生の教え方にも問題があったし、私も全然努力しなかったので、成績はひどかった（教わったことの九割は忘れてしまいました）。十六歳から二十歳までは大同〔大学附属中学校〕で英語を学びました。これも身につきませんでしたが、フランス語よりは成績がましでした。二十歳で外国に出た時、フランス語の知識は今の君のロシア語より劣っていたでしょう。フランスに行ってから半年間は、家庭教師と下宿の大家さんにお願いしてフランス語を見てもらいました。先生には読み方と文法を、大家さんには会話と発音を教わりました。一日中いつでも勉強で、授業の方式は取らず、話をするたびにその場で直してもらいました。半年後、フランスの知識人の家庭で暮らした時にはもう全く問題はありませんでした。十か月後には、あまり難しくない授業をいくつか聴講することができました。外国で言葉を学ぶと、いつでもどこでも応用できるので、国内で学ぶより進度が五、六倍以上は早いようです。これはモスクワで李徳倫〔建国後の中国の代表的な指揮者で当時モスクワに留学中だった〕に会った時も言われたでしょう。そこで特に話しておきたいのは、だからこそロシア語の勉強を「突貫方式」にしてはならないということで

樹花舎

●愛読者カード●

書名『君よ弦外の音を聴け』

ご購読いただきありがとうございます。皆様のご意見を今後の企画の参考にさせていただきます。ご記入のうえ切手を貼ってご投函くださいますよう、お願いいたします。

●本書をご購入いただいた動機をお聞かせください。

●本書についてのご意見・ご感想をお聞かせください。

●メールでも結構です。

送り先：kinohana@mb.infoweb.ne.jp

http://homepage3.nifty.com/kinohana/

★ありがとうございました。

『傅雷家書』（1981 年初版本）

郵便はがき

切手をお貼りください

111 0056

（受取人）

東京都台東区小島1の3の9

樹花舎《きのはなしゃ》

『君よ弦外の音を聴け』係行

（ご住所）

ふりがな

（お名前）

女・男

す。一か月半で文法を終わらせるなんて、丸暗記しただけで、決して消化はできません。しばらく経ったらおおかたは忘れてしまうでしょう。今は主にロシア語の要点をつかみ、ゆっくり進むことです。ただし学んだことは確実におぼえる。そうしてこそ基礎がしっかりします。欲張る必要はありません。かえってピアノの練習に差し障るし、しまいには心身が疲れはて、ちょっと暇になると眠くてぼうっとしてしまうでしょう。――この問題は自分でよく考え、納得したら、勉強法を改める決心をして、ロシア語の先生とよく相談しなさい。どんな学問も一足飛びに身に付くものではないし、特に語学はそうです。もし先に進むのをやめ、今までやったところを最初から見直してみれば、断言してもいいですが、たいていはもうすっかり忘れていることに気付くでしょう。

君が外国に行って出会う一番大きな困難は、二十六年前の私の場合とそれほど変わりがないでしょう。つまりその国の言葉があまりにもできないということです。北京で急いで理論を学ぶよう、前に何度も勧めたのはこのためです。もし理論に対して基本的な概念を持っていれば、あとで国外で勉強する時に、言葉がわからない上に楽理もわからず、楽理の勉強に頭を悩ませるといったことにならずに済むでしょう。つまり理論について初歩が身に付いていれば、国外で学び始めた時に都合がいいのです。けれども君は北京でどのように理論を勉強しているのか、これまで全く話してくれたことがないし、勉強を始めたのかどうかすらも言わないのですからね。着いたばかりの頃、羅さん*が病気で勉強は棚上げになってしまったということを聞いただけで、その後どうなったのか、手紙で何度も尋ねたけれど、君は全く返事もくれません。——もう一度言いましょう。ロシア語の勉強から少し時間を割いて、楽理の勉強にあてなさい。

早めに出国することについて私は賛成です。以前はロシア語があまりできないので、十分準備をしてから出発するべきだと思っていたでしょう。実はこんな勉強の仕方では、最大の努力を払ってもう一年やったとしても、十分準備ができたとは言えません。——北京で中国人とは付き合わず、毎日ロシア人と一緒に生活するというのでもなければ。

［……］

自分を責めるだけで行動に表さないというのは、一番賛成できません。これは誰に対して、何に対してということだけでなく、身の処し方の最も基本となるものです。以前よく話したけれども、事実だけが君の気持ちを証明することができ、行動だけが君の考えを表現することができるのです。友達と付き合うのにこんなにいい加減ではいけません。生まれつき「薄情」でもないのに、行動ではまるで「薄情」になってしまうのは、最も損なことですし、そうなってはいけません。まじめな人がちょっとずるをした結果、かえって損をするのと同じ道理です。

［……］

身の処し方の道理について、君はよくわかっているはずなのに、事実で表現できていないのは損なことです。今後はこれを一生覚えておきなさい。大きいことも小さいことも、人には正直に話すように！

それから、時間の配分や勉強の進め方、何が大事で何を急ぐのかということについて、君はまだはっきりした考えと実践がないですね。これが一番心配なのです。君の生活は将来きっと私のように忙しくなり、もしかしたらもっと忙しくなるかもしれない。十分に時間をコントロールして物事の重要度を区別しなければ、どんなことも満足な結果が得られないでしょう。だからこの方面についての問題は、私の意見をよく聞くだけでなく、自分でじっくり考えてみなさい。考えた後はすぐ方法を決めて実行し、改めるべきところはすぐ改め、調整すべきところはすぐ調整し、どんな理由があろうと先送りしないことです。

＊〔原注〕著名な作曲家、羅忠鎔。

一九五四年四月二十日

息子よ。十七日の手紙を受け取りました。また一つ難関を乗り切ったこと、嬉しく思います。人生の苦難は、theme〔主題〕はほんのいくつかで、あとはvariations〔変奏曲〕に過ぎません。愛の苦汁を早くに味わえば、中年になってからより冷静でいられるでしょう。昔の人はうまく言ったものです。塞翁《さいおう》が馬を失ったのは、幸いでないとは限らないと。君は普通の若者より世間を知るのが早かったので、大人になるのも早かったのです。今回の辛い経験によって、また一段と精神が成長するでしょう。芸術に対する理解も一歩深まるはずです。私は君が自分と闘う勇気を持っていることを祝いましょう。一つつまずくごとに、起き上がりさえすれば、必ずだんだんと高い山をよじ登ることができ、小さな個人を超越することができます。悲しみの涙は魂を育む美酒です。切実な苦しみを体験したことのない人は、深く広い憐れみの心を持つこともできません。だから息子よ、君がこのように生まれ変わろうとしていることが私は嬉しいのです。君が将来私よりもっと深く人生を理解し、人類をより熱烈に愛し、芸術に対してより真摯な信念を持つことを願ってやみません！　息子よ、君がこの期待にそむかないことを信じています。〈……〉

一九五四年六月二十四日午後

愛する息子よ。とうとう君の手紙が来ました！　連絡局が君の出国の日取りを早く知らせてくれなかったのはもちろん残念ですが、君は遅かれ早かれ私たちのもとを離れるのだし、みな気持ちの上でいずれ試練を受けねばなりません。君を十里先まで送って行っても最後は別れなければならないのです〔旅立つ人を途中まで送って行く昔の習慣を踏まえたもの〕。人生とは何でも耐え忍ぶことによって持ちこたえられているのではないでしょうか？　君が着いた最初の日〔傅聡は北京での学習を終え、六月半ばに一週間帰郷した〕、私は二十日よりあとに出発してほしいと願っていたのですが、あくまでルールを守り先回りして用心する性格のせいで、その気持ちを押し殺してしまいました。今待機している間に、北京に残していく楽譜をすっかり整理し、英語で二つ目録を作って、一つを家に送っておきなさい。このような仕事は時間をつぶすのを手伝ってくれますし、悩みを忘れさせてくれます。息子よ、今回の旅は長いのですから、この数日の間に過去のさまざまな事柄についてしっかり総括し、未来のあれこれについて計画を立てなさい。心理的・精神的によく準備をし、繰り返し意志を鍛え、この先四、五年の寂しさや感情の揺れに耐える心づもりをするのです。これこそ君が今やるべきことです。息子よ、悩むことはありません。私は前の手紙で思うことを話したので、精神的に楽になりました。人が気持ちを吐き出すのは心の健康のためであり、自分をますます苦しめるためではありません。ベートーヴェンの第五番をよく聴き、クリストフの苦しんだ話（第一巻の終わり、第四巻第九章の終わり）をよく読めば、勇気がわいてきて、落ち着くでしょう。いい子だから、気持ちを安らかにして出国の準備をしなさい。細々したことも全てよく考え、暑さを恐れず、怠けず、何でも上手にやること。出発前には必ず持っていく服や道具を「ポケット手帳」に書いて、北京に残していく物、上海に送る物と照らし合わせなさい。私たちが懐かしくなった時は、アルバムを見てください。どうしてこんな簡単な手紙しか書かないのですか？　私だったら、北京に着いた時羅さんが迎えに来てくれたことや、団に着いたあとの様子を必ず書くでしょう。こういう機会に書く練習をするのもいいことですから。

近頃君はいろいろなところがお母さんに似ていて、私はとても嬉しいです。ただ物事を処理するのはもう少し真剣に、私に似てほしいものですね。一番大切なのは、面倒くさがらないことです！

一九五四年七月四日朝

「……」息子よ、目の前の事務的なことにもっと注意し、やるべきことはすぐやり、ぐずぐず引き延ばさないこと。夜おしゃべりに夢中になる暇があったら、その間にたくさんの用事を片づけることができるはずです。まずちゃんと準備をしてから遊んでください。もしかしたらこれが出国前に受け取る最後の手紙になるでしょう。これも間に合わないかもしれないと思うと悲しいですが。話しておきたいことは尽きないけれど、飽きられるといけません。しかし恋愛問題については改めて忠告しておきます。どんなことがあっても自分を抑え、将来と、健康を第一に考えること。国外では上手に時間を使い、その時間で仕事をするだけでなく、休息も取り、手紙も書いてください。杜甫《とほ》のあの一句をどうか忘れないで――「家書は万金に抵《あた》る〔「春望」の一句〕」！

試練の始まり　一九五四年八月〜

傅聡はモスクワ経由で十日余りかけてポーランドに到着した。クラクフで高名なジェヴィエツキ教授について特訓を始め、翌年春の第五回ショパンコンクールを目指した。ピアノの問題だけでなく、生活の問題、恋愛問題など、父の心配は尽きることがない。

一九五四年八月十一日午前

［……］君の暮らしぶりは想像がつきます。ちょうど一九二九年に私がスイスにいた時のようでしょう。でも君の方がもっと幸せですよ。良い先生や友達に恵まれ、音楽という崇拝の対象があるのですからね。私は二十一歳の時スイスで、正に青春時代の、ロマンチックな憂鬱病にかかっていました。悲観的で、厭世的で、迷い、悩み、ぼうっとして。『ベートーヴェンの生涯』〔ロマン・ロランの作品〕の訳者の序に書いたのがこの時期のことです。息子よ、君は私よりずっとませているので、青春時代のあらゆる苦悩は、何年も前に国内でとっくに通り越してしまいました。だから今は心を落ち着けて、しっかり勉強することができますね。あの頃日々を無駄にし、今でも後悔し続けている私のようにはならないでしょう。

君のピアノの成績に、私たちはとても喜んでいます。両親の前では、「自画自賛」のきらいがあってもかまいません。同時に自分の弱点を分析してみて、他人は言わないけれど自分ではわかっている短所を一緒に教えてくれさえすれば。人々の賞賛を報告してくれるのは、私たちの一番大きな慰めになります。しかしその時には必ず、自分の欠点をじっくりと考えてみなければなりません。そうすれば、君の手紙も行き過ぎることはないし、そうやって自分を批評してみると、鏡を眺めるように、とても役に立つはずです。自分の考えを書き出すのは（手紙にしてもほかのやり方にしても）、頭の中で考えてばかりいるのとは大きく異なります。書くためには正確で緻密な思考が必要ですから、紙に書かれた自己分析は特に深い意味がありますし、自分に与える印象も強いのです。さて、私の言うことが正しいと思いますか？

今回の手紙を読んでつくづく思ったことがもう一つあります。それは君の感受性がとても強く、すばやいということ。これは君の長所でもあるし、欠点でもあります。去年君はひとたびポーランドに行くと、すぐChopin〔ショパン〕を弾くstyle〔スタイル〕が変わり、帰国するとまた元に戻ってしまいました。そして今回ポーランドに行くとまた変わりました。これは君の感受性がすばやいことを示しています。けれどもこの世のことは、利あれば害あり、長あれば短ありで、感じるのがすばやい人は深くひたることができず、長く保つこともできないのです。去年は時間が短かったので、もちろん確かなことは言えません。しかし少なくとも認めなければならないのは、君が「深く執着する」ことがなかなかできないという事実です。今特に忠告しておきたいのですが、新たに感じたことを感性の表面に浮かび上がらせるのではなく、その感じたことが、もともと持っていた観念や、情緒や、表現方法と一体どう違うのかを、よく分析するように注意しなくては。これには冷静さと高い知力が必要ですし、それらがあって初めてはっきり分析できるのです。いつもこのようなやり方で、すばやく感じ取った新しいもの（技巧でも表現でも）を「強固にして」ください。ずっとこうしていけば、君の演奏スタイルは安定するし、成熟します（もちろんここでいう安定は決まりきった、公式化したものではありません）。それだけでなく、日頃の知力も大きく向上し、訓練されるでしょう。わが子よ、これをしっかり、胸に刻んでおきなさい！　そして実際にやってみること！　こういうことは私しか言えないと思っていますからね。

もう少し付け加えましょう。ピアノを弾く時はいたずらにsensation〔感覚〕やsensibility〔感受性〕に頼ってはいけません。これらの心理作用はとても変わりやすいものです。この二つの面から得たものを、理性によって整理し、まとめてみて、初めて自分の魂に深くとけこませ、個性と人格の一部にできるのです。もちろん、ポーランドに何年か住み、薫陶を受けた結果のいくぶんかは（おのずと）君の中に精華として残るでしょう。しかしあらかじめ心構えをし、特に知力の面でたくさん努力をしたならば、将来の収穫はより大きく豊かになり、基礎もよりしっかりするでしょう。もう少しはっきり言うと、芸術家は生まれつき敏感なので、場所や周りの人々や精神的な雰囲気が変われば、気付かないうちに自分の気質や表現方法が変わります。けれども大切なのは、自分の魂の中で最も優れた、最も傑出した部分と、人から学びとった精華を、ともにしっかりつかんで自分の性格の中に深く植え付け、それだけはいつ何時でも変わらないようにすることです。こうしてこそ、その人ならではの特徴を豊かに育てることができるのです。

この問題について、きっと思うところがあるでしょうから、いろいろ話してみてください。

それから、もう一度注意せざるを得ないのですが、できるだけ恋愛感情を抑え、それを芸術の方に向けてください。君の周りには美しい天使が多過ぎて、また自分を抑えられなくなるのではと心配です。忘れないでください、ここ何年かは身を清く持つ、男女の愛については僧侶のように、禁欲的な生活を送ると自分で誓ったことを！　この点絶対に注意し、いつでも自分を戒めるように！　何でも早めに悟り、早めに身を引くのです。情熱が高まってから抑えつけるのは、苦痛が多いし、効果も少ないでしょう。愛する息子よ、何が何でもこのことについては私の忠告を聞いてください！　父さん母さんが一番心配なのはこれよりほかにありません。〈……〉

［……］

息子よ、君は本当に芸術家らしいというか、これまで生活上の問題は気にもとめていないようですね。食費や住居費や、普段の小遣いなどについて、なぜ一言も書かないのですか？　人にはいろいろな面があるのだから、両親にとってはこれらにとても関心があるのです。次回はぜひ詳しく知らせてください。楽譜の問題はどうなりましたか？　ポーランドで大金を出して買ったら、ほかの使い道に差し障らないでしょうか？

そろそろ仕事の時間なので、ここまでにします。体を大切にと遠くから願っています。君はこんなに楽しそうだから、どうか楽しんで、と書く必要はないですね！

一九五四年八月十六日晩

息子よ。忙しいので重要なことをいくつか書くだけにします。

君は昔から二つのくせがありました。一つはよその家へ行った時、部屋へ入ってコートを脱いでも、マフラーはそのままはずさないこと。もう一つはいつも手を上着のポケットか、ズボンのポケットに突っ込んでいることです。これはどちらも西洋のエチケットに反しています。マフラーは必ずコートと一緒にクロークではずしなさい。コートを着ていない時も、マフラーははずさなければなりません。手を上着のポケットに入れるのは、ズボンのポケットに入れるよりもっと礼儀に反するので、絶対してはなりません！　まして服が着崩れしてしまいますし、君が付き合うのは特に教養ある人々ですから、一挙一動にとりわけ注意しなければなりません。丁寧に接しなければならない人たち、例えば先生方、または年配の人と話す時は、手をまっすぐに、姿勢を正しく。これらのきまりを習慣にすれば、一生役に立つでしょう。

食事の席で、ナイフとフォークを持たない時は、両手はテーブルの上に置くこと。テーブルの下に置いたり、腿や膝のあたりに置いたりしてはいけません。ほかの教養ある青年を見ればすぐにわかることです。特にナイフやフォークを取り落として、がちゃがちゃいわせないように！

舞台に出てお辞儀をしたりアンコールに応えたりする時は、表情はやわらかく、決して前のように固くなり過ぎないこと。これは聴衆のムードと大いに関係がありますから、すぐにでも直すべきでしょう。あわてず、心を平静に保てば、表情はおのずとやわらぐものです。

先生は何歳くらいの人ですか？　どの音楽院の教授ですか？　どんな経歴を持っていますか？　どんな顔立ちの人ですか？　聞かせてください。父さんも時には君たちのように、お話を聞くのが好きだということを忘れないで。

つまり、君が学ぶのは音楽だけではなく、行動や態度、礼儀など、それぞれの面で他人の良いところを吸収しなければなりません。これらは、私が留学していた頃特に気を遣ったことです。でなければ、君たちが小さい頃から、あせよこうせよと、各種の manners〔マナー〕を教えてうるさがられることもなかったでしょう。どうかいちいち細かいと嫌がらず、全ては自分がより完璧になるため、より多くの人々から愛されるためだと思ってください！

一九五四年九月四日

聡、愛する息子よ。嬉しいことに、ポーランドから四通目の手紙とたくさんの写真が届きました。わずか九日しかかからなくて、前より一日早くなりました。写真を見ると、太ってはいません。がんばり過ぎで睡眠不足なのでは？　それとも室内で撮ったので、光の加減で痩せて見えるのでしょうか？　また誰が撮ってくれたのですか？　どこで撮ったのか、なぜ部屋にピアノが二台あるのでしょう？　後ろにコンクールのポスターがありますが、どういうことなのですか？　いつも写真の裏には撮った日付と場所を書いておいて、あとで困らないようにしてほしいですね。

君の書く「鬆」の字はいつも間違っていますが、覚えておきなさい。上はかみがしらで下は松、松は鬆と同じ音です。こう覚えたら書き間違えることはないでしょう。行書ならこう書きます「」。高という字の草書はこう書きます「」。

ささいなことですが大切なことが一つ。封筒に書く字は大き過ぎないように。封筒全部を埋め尽くすようではいけません。これまでの手紙のうち、一通は通りの名が切手で隠れていましたし、一通は私の名前の角が隠れていました。実際封筒の上に切手を貼るすきまがないのですからね。私が書いた封筒の字を見れば、どう書けばちょうどいいかわかるはずです。

君の批評精神がますます強くなり、おだてられて「有頂天になる」こともないので、私は嬉しさで一杯です。君の言う頭と心の話には、特に安心させられました。そう考えていることは、真の進歩の表れです。ポーランドに行ってすぐ、こんなに厳しく冷静で、細かい部分を大切にしつつ曲全体の分析を重んじる先生に出会えたことは、実に幸せです。この先生に鍛えられたら、情熱をあふれさせるだけでなく、鋼鉄のような骨格を持てるでしょう。君の演奏は熱く、また厳かで、感情もあれば理性もあり、人々に与える力もより深く強くなるでしょう。おめでとう、息子よ、君がいつかはこのような道に到ると信じていました。何年か修業すれば、きっとbrain〔理知〕とheart〔感情〕のバランスが取れるようになります。君の精神は掘り下げるほど深く、豊かになり、技術は磨けば磨くほど細かくなる。二つを合わせれば、もっと多くの聴衆と評論家に満足してもらえるでしょう。息子よ、本当に胸が踊ります。

今回の舞台で緊張したのは、私の分析では、会場が張りつめた雰囲気だったからではありません——去年ルーマニアのコンクールでも同じように張りつめた雰囲気だったのではありませんか？　そうではなく試し弾きをしなかったので、まず弾いてtone〔音〕が大きかったのでびっくりし、touch〔弾いた感じ〕がなめらかでないので二度びっくりし、pedal〔ペダル〕もよくないのでまたびっくりしたのでしょう。この三度の刺激が二十日の舞台で緊張した最大の原因です。そうではないですか？　だから今後はしっかり覚えておきなさい。コンクールで、誰も前もって試奏してはならない時以外は、個人の家であろうと学生演奏会の時であろうと、まずtouch〔弾いた感じ〕とpedal〔ペダル〕を試してみなければなりません。次回は決してnervous〔緊張〕することはないと思います。

みなが君を賞賛してくれることについて、お母さんは手紙を読みながら涙があふれていました。息子よ、君の成功は私たちにどんなに大きな喜びをもたらしてくれることでしょう。しかも君の自己批評が、さらに私たちを言葉では言い表せないほど喜ばせてくれたのです。

私の手紙を読んで、教訓ばかりで父さんはいつも牧師のようだと思うでしょうか。それとも私の言うことは、小さい頃から耳にたこができるほど聞かされてきたと思うでしょうか。もしそうならば、どうか君の愛情でもって、私の胸のうちを理解してください。そしてこう考えてください。それが真理であり、真の教訓であるならば、両親や友人の口から出たものであろうと、親しい人やそうでない人の口から出たものであろうと、受け入れなければなりません。聞き飽きたからといって、どこ吹く風と受け流さないでください！忘れてはなりませんよ、君の小さい頃から今日までの家庭環境は、中国で唯一無二であるだけでなく、世界でもごくごく少ないのです。芸術を学ぶ若い人に対して、誰が芸術のほかにこんなにも多くの道徳を教えたでしょうか？　私は心から信じています。私が長年かけてまいてきた種が、いつの日か君の中に花開き実を結ぶことを——私が言っているのは道徳と芸術を併せ持った、人格の卓越した芸術家のことなのです！

君の人付き合いのよさは、いくらかは改めなければなりません。外国人に対しては比較的楽で、時にはっきり言ってもかまわないのです。「用事があるので」とか、「家に手紙を書かなければならないので」と。芸術家は特に、静かに考えにふけることが必要です。いつも人と一緒にいると（自分でももう煩わしくなったでしょう）、反省の機会が減ってしまいます。思想や感覚、感情もしっかり整理してまとめることができなくなるでしょう。

Krakow〔クラクフ〕は古い町です。歴史が香る町並み、教会、橋、どれも味わい深いものです。早朝、たそがれ、真夜中にこれらの場所を歩き回れば、必ず感じるところがあり、詩心をかき立てるきっかけになるでしょう。私は昔フランスのPeitier〔Poitiers ポワチエのことか〕という古い町に住んでいました。十三世紀にできた古い町で、いにしえの文化のたたずまいは今でも忘れられないし、あそこを歩き回る夢を時々見ます。北欧のゴシック(Gothique)式の建築が、Krakow〔クラクフ〕にはきっと少なくないでしょうし、独特の風格があることでしょう。君のそばに飛んで行って、一緒に見て歩くことができないのが恨めしい！　もし何か風景の写真（どこでも売っているし安いものです）があったら、地名を書いてはがきにして送ってください。

〔……〕

八月十六日から二十五日まで、北京で全国文学翻訳工作会議が開かれました。周揚

〔中華全国文学芸術界連合会副首席などを務め、建国後の文芸界を指導した理論家〕が総括した時こう言ったそうです（必おばさん〔楊必。サッカレー『虚栄の市』の中国語訳者として知られる。作家楊絳の妹〕が参加して、私に話してくれました）、「技術一辺倒」だと。どこにこんな話がありますか？　イギリス化学とか、フランス化学とかいう言い方はいまだかつて聞いたこともありません。進んだ経験であれば、ソ連のも学ぶべきだし、ほかの西欧資本主義国家のも学ばなければなりません。こんな言い方は華東では聞いたことがないそうです。〈……〉

〔……〕

ヴォルテールを訳し終わったので、この数日は休みました。心身がすっかりくたびれてしまいました。夏に仕事をするのは、普段と比べものにならないほど疲れます。煦良〔周煦良。傅雷の親しい友人の一人で、一九四五年に共同で雑誌『新語』を編集・発行した〕はいつも翻訳について語る時、すこぶる意見が多いのですが、一昨日、一万字余りの「精魂こめた」翻訳原稿を見てほしいと送ってきて、これがなんともお粗末なものでした。理論と実践の間にはこんなにも差があるのですね。北京にいるソ連から来た演劇の専門家たちは、いつも演出家を責めるそうです。「なぜ君たちはそろって理論家なのかね、なぜ具体的な問題をあげないんだ？」全く同感です。三年前北京の『翻訳通報』が何か書いてほしいとたびたび言ってきましたが、すべて断りました。机上の空論は無意味だからです。何より自分で手を動かさなければなりません。

一九五四年九月二十一日朝

［……］華東美術家協会が黄賓虹〔近代中国を代表する山水画家。伝統保持に努め、上海美術専科学校や北平芸術専科学校（現、中央美術学院）などで教え、多くの後進を育てた〕のために個展を開き、昨日の午後開幕式と座談会がありました。行ってみると、絵はとてもすばらしかった。百点あまりの近作が、色調は暗くても深い厚みがあり、多くの作品が遠くから見ると細かく、近くで見ると筆勢が荒いのです。こんなテクニックこそ一級品ではありませんか！　頼少其（美術家協会の主席）に頼まれてやむなく座談会で発言しました。大体こんなことを話しました。（一）西洋画と中国画は、近代になり同じ方向に発展している。（二）中国画の画家は技術の基礎を西洋画に学ぶべきである。写生や石膏モデルを使うなど。（三）中西の画家は互いに磨きあい、学ぶべきである。（四）どんな分野の芸術家も、ほかの芸術に関心を持つべきである。発言した人の大半は作者を誉めるばかりで、これでは座談会の意味がないと思いました。お世辞ばかりだと、まったく飽きてしまいます。

開会の前、昨日の午前八時半に、黄先生が我が家に見えました。昨日会場では国画界の古い友人、賀天健や劉海粟〔傅雷のフランス留学時代からの友人で、西洋画の技法の導入者として知られる〕などに会いましたが、みな黄先生がいつも私を一番の知己だと話していると言っていました〔黄賓虹にとって初の個展は一九四三年に傅雷の尽力で開かれた〕。

〈……〉

一九五四年九月二十八日夜

〔……〕クラクフについたはじめの十日間、君は病気だったり、教授が不在だったりで、少しひまだったはずなのに、街の様子を何も書いてくれないし、音楽院の建物や、大きさや、ピアノ練習室の数などについても何も書いてくれません。ほかの学生の話から、少なくとも教授と生徒の数や、修業年限や、毎週の授業の数や時間がわかるでしょう。これまでDrzewiecki（今度読み方を書いてください）教授〔ズビグニェフ・ジェヴィエツキ。ポーランドを代表するピアニスト・教育者で、クラクフ音楽院を創立。ショパン演奏の権威として知られた〕の授業は、毎回何時間くらいやったのですか。直してくれるのは、technic〔テクニック〕が多いですか、それともmusic〔音楽〕的な部分が多いですか？　Technic〔テクニック〕のことで言うと、手や指、腕の形にこだわりますか？　それともtouch〔タッチ、打鍵〕と力の抜き方について大まかに批評するだけですか？

〔……〕

最近また老舎〔現代中国を代表する作家。建国後、その流麗な北京語の口語文体によって「語言大師」の尊称で親しまれた〕の『四世同堂』を取り出して読んでみたら、言葉の間違いが多いことに気付きました。修辞がよくないだけでなく、語気がうまくつながらないところが多いのです。それにわざとらしいところ、くどくどしたところ、もったいぶったところなど、何年か前までは彼の文章を尊敬していたのに、今はこんなに欠点に気付くとは。どうやら自分の訳文に不満なだけでなく、他人の創作にも満足できなくなったようです。老舍の小説をめくってみたのは、それに学びたいと思ったからなのに、結局学ぶべきものが見つかりませんでした。〈……〉

一九五四年十月二日

聡、愛する息子よ。九月二十二日夜に出された六通目の手紙を受け取りました。嬉しかったです。私たちは前の手紙のせいで悩んだり不安に思ったりはしていません。私が八通目の手紙で予言したように、こんなふうに気持ちが落ち込むことは、今後もきっとあるでしょう。私は経験者なので、大げさに騒いだりはしません。だから君も心配しなくていいし、胸に押し殺して私たちに話さないなんてことがないように。心の悩みは家族への手紙で吐き出さないで、どこに吐き出すというのですか？　子供が両親に苦しみを訴えないで、誰に訴えるのでしょう？　私たちが君を慰めないで、誰が慰めるというのですか？　人は一生、波の間を漂うように浮き沈みし、平凡な人だけが、よどんだ水のような暮らしをします。または高度な修練を経て初めて、すっきりと煩うことなく、真の解脱ができます。高い波に緊張し過ぎることなく、低い波にだらけ過ぎなければそれでよいのです。太陽が強く照りつけると、五穀を焦がしてしまい、雨がどしゃぶりになると、作物を水浸しにしてしまいます。私たちは心をバランスよく保ち、傷つくことのないようにすればいいのです。君もくじけたまま立ち上がれない人ではないでしょう。外国での数年は、君という人間全体に大きなプラスになると思っています。今度の手紙に書いてあった苦しみが、私は全て理解できます。君に同情するし、できるだけ慰め、励ましてあげたい。クリストフは何度もこのような状況にぶつかったのではないでしょうか？　彼はあらゆる芸術家の縮図であり、結晶ではありませんか？　君もだんだんと違った気持ちで過去のことに向かい合うようになれるでしょう。つまり思い出しても心を揺さぶられず、客観的な立場で物事の因果関係を分析することができ、将来の戒めとして同じ轍を踏まないようにするのです。人は現実を直視し、誤りを直視し、理性で分析して徹底的に理解することにより、初めて思い出にむしばまれずに済みます。君も次第にこういうことを身につけ、ますます強くなれるでしょう。以前手紙で感情のruin〔残骸〕について書きましたが、つまりこれらを精神の燃えがらのように見てほしいのです。見る時はもちろん感慨から逃れられませんが、自分を深く傷つけるのではなく、古戦場を眺めるように淡々としのぶ気持ちを保っておくのです。もし私の言うことが正しいと、啓発されるところがあると思ったら、将来思い出のために苦しんだ時（それはきっとまたあるでしょう）、この手紙を取り出して繰り返し読んでください。〈……〉

一九五四年十月二十二日朝

〈……〉コンクールのことはもちろん負担ですが、たとえそうであっても思想的な準備をしなければなりません。できるだけ損得を考えないようにし、心をよく落ち着けて、精神と肉体を完全にリラックスさせれば、よい成績を収める望みが出てくるでしょう。このような修業は今のうちに始めればまだ間に合います。「文章は千古の事、得失は寸心に知る〔文学は人の世に永遠に連なる仕事であるが、作品の良し悪しについては自分で心得ている。杜甫「偶題」の一節〕」という名句を常に思い出すようにすれば、精神的にずっと楽になるでしょう。こうしてこそ過度の疲労とくたびれた感じに陥らずに済みます。人を最もすり減らすのは頭脳労働でも、肉体労働でもなく（これらの疲労は簡単に取り除くことができ、ちょっと休めば精力が回復します）、あれこれ悩む（worry）ことです！

息子よ、必ず言うことを聞いてください。

努力して自分の心にゆとりを持たせれば、よい成績を収められることは請け合いです。緊張は何事に対しても百害あって一利なしです。今からコンクールまで、まだ三か月余りあります。「愚公山を移す（ねばり強く努力し続ければ必ず事は成就することのたとえ。抗日戦争末期、毛沢東が勝利への信念を持ち続けることを訴えて使ったため有名になった。出典は『列子・湯問篇』）」というような意志をよりどころとし、「できるかぎりのことをする」気持ちを持ち続けること。ちょっと緊張したらすぐほぐれるようにし、手や指に対するのと同じように、精神に対していつでもリラックスするよう気をつければ、来年きっと成功すると私が保証します。心の健康を保つこの修業は、君にとってピアノの練習よりもっと重要です。ピアノの練習でどんな成績を収めるかは心理的な状態が基本ですし、主要な条件だからです！　君が私たちに心配させたくないなら、できるだけ君自身をリラックスさせてください。このような話は聞いたらきっと賛成してくれるでしょうし、もうとっくに考えていたでしょう。ただ大切なのは実際にやってみること、そして自分と闘うことです。闘いのやり方はもちろん緊張するのではなく、ほぐすことであり、人生について、この世界についてよく考え、個人をちっぽけな存在として見ることです。そうすれば損得を気にする心が自然と少なくなり、結果として心身がのびやかに、仕事も順調にいくのです！　今度手紙をくれる時は、この面で努力した結果がどんなふうか、私たちに知らせてください。

〔……〕

普段忙し過ぎるようではいけません。誘われて外に出かけ、あとで勉強を補わなければならないと、君の精力が削がれてしまいます。やはりピアノの練習を理由に、できるだけ断るのがいいでしょう。緊張しないためには、忙し過ぎるのはよくありません。ひまな時間に自分で静かに考え、詩を口ずさんで味わったりする方がいいのです。義理にとらわれ、断ったら悪いと思わないように。仕事の時間は人と出かけないことを習慣にすれば、失礼にはならないはずです。人生で使える精力には限りがありますし、誰でも二十四時間しか持っていないのです。しっかり配分せず、君のようにしていれば体を壊してしまいます。他人は苦しい技巧の訓練が必要なわけではなく、君より暇なのですから、彼らに婉曲に説明しなければなりません。この点では、私のことをいつも思い出して手本にしたらどうですか。友人たちは私をなじったりはしないでしょう？

一九五四年十一月一日夜

愛する息子よ。ポーランドの Regina Smangianka〔レギナ・スメンジャンカ〕の音楽会から帰ってきたところです。前半は上海交響楽団〔旧共同租界の上海工部局交響楽団から発展したもの。当時すでにほとんどの外国人奏者が退団し、中国人によるオーケストラになっていた〕のドヴォルザークの第五番（*New World*〔新世界〕）、後半は*Egmond Overture*〔エグモント序曲〕とSmangianka〔スメンジャンカ〕のベートーヴェン「ピアノ協奏曲第一番」でした。Encore〔アンコール〕は四曲でした。

一、Beethoven：*Ecossaise*〔ベートーヴェン「エコセーズ」〕

二、Scarlatti：*Sonata in C*〔スカルラッティ「ソナタ・ハ調」〕

三、Chopin：*Etude Op.25, No.12*〔ショパン「エチュード作品二十五の十二」〕

四、Khachaturian：*Toccata*〔ハチャトリアン「トッカータ」〕

Concerto〔協奏曲〕はすばらしく、オーケストラの伴奏もさまになっていて、意外でした。というのも前半のドヴォルザークは聴いていて冷や汗をかくほどでしたから。Scarlatti〔スカルラッティ〕は光輝くようで、イタリアの風格brio〔活気〕がよく表れていました。Chopin〔ショパン〕のEtude〔エチュード〕は燃えるようでいて、またすっきりしていました。近年聴いた中で一番よい音楽会でした。

私たちは今晩花かごを送り、手紙（フランス語の）を添えておきました。君が九月には彼女のことを知らせてくれたこと、この機会に歓迎とお祝いの気持ちを表したいと書きました。彼女は果たして受け取ったでしょうか。これまで「個人」が外国からの客人に贈り物をしたことはなく、入り口の担当者が変に思ったかもしれないので。

スメンジャンカは誰の学生か知っていますか？　とても個性的で将来性があります。前のショパンコンクールでは何位だったのですか？　どうぞ知らせてください。舞台でのmanner〔マナー〕やアンコールの態度も魅力的で、物腰や容貌から言っても近年ぴか一です〔スメンジャンカもジェヴィエツキに師事し、第四回ショパンコンクールで十一位に入賞した〕。

ついでに小さいニュースですが、指揮者の黄貽鈞〔上海交響楽団初の中国人常任指揮者〕も燕尾服を着るようになりました。君はポーランドで着たことがありますか？　今晩は「大舞台」〔大光明大戯院、戦前のグランドシアター〕だったのですが、スメンジャンカができるだけ大きいところがいいと、「蘭心」〔蘭心大戯院、ライシャムシアター〕や「美琪」〔美琪大戯院、マジェスティックシアター〕は小さ過ぎてだめだと言ったそうです。「大舞台」はもちろん大きいですが、音響効果は悪いですね。私たちは二列目の右手のはじに座り、まだましでした。後ろ側二階席の真下に当たる所に座るとひどいものです。〈……〉

ショパンコンクール直前　一九五四年十一月〜

第五回ショパンコンクールは一九五五年二月に開幕しようとしていた。西洋音楽が中国の地に広まり始めてわずかに半世紀。傅聡は中国初の参加者として周囲の期待を一身に担っていた。父・傅雷の手紙もおのずから熱を帯びたものとなる。

一九五四年十一月二十三日夜

〈……〉ロシアのピアニスト〔リヒテルを指す〕のために興奮して一晩中寝られなかったそうですね。私たちも何か変わったことがあるとすぐ眠れなくなります。神経過敏な血筋は同じですね。だからいつもできるだけ節制するように勧めているのです。そのピアニストは君と同じ気質を持っているのでしょう、ある話は君の極端なところをさらに強めたようです。例えば練習をする時はいつも、全ての感情をそそぎ込むことなど。確かにromantic〔ロマンチック〕な性格の持ち主はこうせずにはいられないでしょう。しかしこの「せずにいられない」ことは、芸術にとって必ずしも理想的なことではありません。それどころか、時には大きな欠点になります。芸術の修業をするためには、heart〔感情〕が余り過ぎる人は、できるだけ自制することが必要です。中国哲学の理想や仏教の理想は、感情を支配できるようにすることであって、感情に支配されることではありません。もし君が聴衆の感情をかきたてることができ、彼らが酔ったように我を忘れて、泣いたり笑ったりしたとします。そこで君自身は泰山のようにどっしりして、百万の大軍を率いる将軍のように顔色ひとつ変えなかったなら、それこそ君の最大の成功であり、芸術と人生の最高の境地に達したことになるのです。ベートーヴェンのエピソードを覚えているでしょう。ある時彼はピアノを弾き終わって、聴衆がみな涙を流しているのを見ると、大笑いして言いました。「ふん、みんな馬鹿者だ！」芸術は火であって、芸術家は泣かないものです。これはもちろん簡単にできることではありません。特に君にとっては。しかしこの境地を一生の努力目標にしなければなりません。ロマン・ロランが心に描いた大芸術家も、このような人々なのです。

この点について、私は最近の手紙でよく取り上げていますが、君はどう思いますか？

先日私は恩徳〔牛恩徳。傅雷夫婦が実の娘のように可愛がっていた、ピアノを学ぶ女性〕にこう話しました。「音楽は主に頭を使って、漠然とした感情（一つひとつの曲、それぞれの楽章、個別のフレーズに対する感情）をはっきり分析し、自分の感覚が一体どういうものなのか明らかにしなければならない。それがよくわかり、自分の境地が十分明確になったら、その後でtechnic〔テクニック〕はおのずとついてくるものだ」。どうでしょう、これはRichter〔リヒテル〕が言ったことと全く同じではないですか？　嬉しいことですね、私が芸術全般から理解した音楽の問題が、プロの音楽家の理解と違わなかったのですから。

技巧と音楽の主従関係は、君も私もとっくに認めたところです。もとより人に教えを請う必要もないでしょうが、私がさらに話を続けたのは、技巧の後れが君のコンプレックスとなり、私も一緒に心配しているからです。しかも近年国内では、何とかschool〔学派〕だの何々派だのと大騒ぎ、どれに従ったらいいのかもわかりません。だから知らず知らずこの問題に強くこだわってしまいます。これは修業の足を引っ張るものですし、朝から晩まで技巧をとやかく言う人は、芸術屋であって芸術家ではないと、私は強く思っています。ここから抜けられなければ、一生芸術を夢見ることはかないません。芸術が目的なのであり、技巧は手段です。手段にばかり気をとられている人はきっと目的を忘れてしまうでしょう。一部の有名なvirtuoso〔ヴィルトゥオーソ。名人芸的な技巧を持った演奏家〕もこの誤りに陥っているのであって、それは程度がやや高いというだけに過ぎません。

君はいろいろな場所で音楽会を開いていますが、おそらく各地の音楽団体やオーケストラに招待されたのでしょう。十一月から翌年の四、五月まで、ヨーロッパではあちこちで音楽祭をやりますからね。君が中国人なのに、Chopin〔ショパン〕の故国ですばらしいChopin〔ショパン〕を弾くから、みなが君の演奏を聴きたがるのでしょう。そうではないですか？

昨夜はお母さんと崑劇〔江蘇省崑山を中心に発展した伝統演劇の代表で、崑曲とも言う。京劇の流行とともに衰退したが、建国後、演目の保存や改良が進み、人気が復活した〕を見に行きました。前よりもひどくなっていました。いくつもの演目が「改良委員会」による改革でくだらなくなり、紹興劇のような薄っぺらな感傷と、見た目だけきれいな衣装に彩られたものになってしまいました。そして技巧のひけらかし（武生〔武将などのヒーローを演じる役者〕の）。陳西禾〔映画監督・脚本家〕も大いに感慨があり、これこそ「純技術的観点」だと言っていました。実はこのたぐいの骨董は音楽博物館と演劇博物館にあるようなもので、改革することもできなければ、その必要もありません。こういうものは後の人々の参考になるだけで、それ自体に未来はないのですから、変えてどうするのですか？　上手く変えたとしても意味はありません。まして改良の結果「金に手を触れ鉄にする〔立派なものに手を加えてつまらないものにする〕」とは！

一九五四年十二月二十七日

〈……〉一日でConcerto〔協奏曲〕の三つの楽章とcadenza〔カデンツァ。曲の終わりに挿入され、独奏者の腕の見せ所となる華麗な部分〕をさらってしまうとは、驚くべきtechnic〔テクニック〕と理解力ですね。演奏会がある日でも八時間以上練習するという、その気力には脱帽します。息子よ、君にこんな力があるのは私に似たのだと皆が言いますが、内心では何ともflattered〔恐縮の至り〕です！　しかし体は大切にしなければいけません。三十分や一時間余計にがんばったために、疲れ切ってしまうようなことがあってはなりません。これからは、特に体に気をつけて、疲れ過ぎないよう、たっぷり休んで、常に fresh〔はつらつとした〕精神を保つこと。オリンピックに出場する選手が、本番に向けて心身を良いコンディションに持っていくように、はつらつとした精神が何よりも大切です。The first prize always "luck"〔優勝は時の運〕という言葉も、ある意味でこれに通じます。コンクールの課題はほとんど仕上がった。technic〔テクニック〕と pedal〔ペダル〕の問題も解決した。とすればなおさら疲れ過ぎないようにしなければ！あとひと月半研鑽を積めば、レベルも自然に一歩上がるでしょう。あせることはありません。君だけが自信を持っているのではなく、先生も、私たちも、みな君を信じています。大切なのはやはり心の修業、精神の修業です。「損得を度外視する」、「勝ち負けは兵法家の常」というようなこだわりない心があれば大丈夫。だからまずは、食事や寒さによく気を配り、決して油断をしないように。コンクールの前、ちょっとの風邪さえも引かないようにすれば、それでいいのです。

　ポーランドに渡って五か月、こんなに進歩するとは自分でも意外でしょう。李先生〔上海音楽学院ピアノ科教授、李翠貞を指す〕は今年一月はじめにこうおっしゃった――Gains come with maturity.〔成長とともに進歩する〕正にその通りです。ブロンスタイン先生が昔あんなに君を誉めていたのも、先見の明があったと言うものです。私は父親ですから誰よりも慎重でしたが、実は私だって

expect the worst, hope for the best〔最悪の心構えをしつつ、最善を願う〕だったのです。私は君の舵取りだから、一番責任が大きい。幼い頃から甘いことを言って君をだめにするのを恐れていました。今やこんなに立派になって、何でも自分でできるようになったのだから、もちろんもうはばかることなく言えます——私は本当に嬉しく、誇らしい！　中国人の心、中国人の魂が、私と同じくらいしっかりと君に備わっていることを、心から嬉しく思います。

それから一つ聞きたいのですが、この間ハンガリーのヴァイオリニスト（音楽院の院長）が演奏した時、最初から最後まで楽譜を見ながら弾いていました。昔ヨーロッパにいた時も見たことがないし、学生の演奏でもこういうことはありませんでした。ポーランドではこんな例があるのでしょうか？　周りの人に聞いてみてください。個人的には「ちょっとまずいのでは」と感じました。周おじさんがこの間詩歌の朗読について話していましたが、原文を見ながら読む人がいるけれども、それではだめだと言っていました。必ず暗記しなければならない、そうしてこそ感情がこもるのだと。もっともだと思いました。詩歌の朗誦すらそうなのですから、ましてピアノやヴァイオリンを弾く時は！　私も恩徳に詩の読み方を教えた時、同じ経験があります。暗記して声に出すのは、原作を見ながら読むより、精神にぶれがなく、心がこもります。

〈……〉今手元には散文の本（古典の）がないでしょうが、『世説新語《せせつしんご》』〔五世紀半ばに成立した書で、魏晋の代表的人物の逸話を集めたもの〕は一読に値します。日本人は数百年にわたってこれを枕中の秘宝としてきました。私はいつも魏晋六朝のみやびな文化に思いをはせ、これを中国文化の一つの頂点だと思っています。

『人間詞話《じんかんしわ》』〔清末民初の文学者、王国維による詩論〕は、若い人が読んでもあまりわからないでしょう。頭の中に百以上の詩と数十篇の詞が入っていなければ、この本を読んでも無駄です。それに、現在の見方では、王国維の美学は「唯心」だとされています。兪平伯が「大々的な批判を受けている」今〔兪平伯は『紅楼夢』研究の権威で、その研究方法に対し、一九五四年秋から政治的な批判運動が起こっていた〕、王国維も批判の対象になっています。しかし実は、唯心と唯物は一つのものの裏表に過ぎないのですから、そんなにこだわる必要があるでしょうか！　個人的には、『人間詞話』は中国の歴史上最も優れた文学批評だと思います。この本は、人の魂の扉を開く金の鍵のようです。魂を持たず理論ばかり講じている者は、今どきの学者馬鹿、いや、昔の腐れ儒者や八股文《はっこ》〔科挙試験の答案に用いる文体〕の専門家にすらなれません！　学問で最も重要なのは、「通じる」ことです。そうすればこだわりなく、融通がきいて、つまらない学者馬鹿にはなりません。「通じて」こそ気概が養われ、度量も広く、見識も豊かになります。「通じて」こそ「大きく」なれますが、大きくも広くもなければ、「井の中の蛙」になる危険性があります。学問をするにしても、芸術をするにしても、大切なのはhumain〔人〕であることだと、私はかねてから思っています。一人の「人」をできるだけ発展させるためには、何々家である前に、まず人であることを学ばねばなりません。そうでなければ、その何々家がどんなに優れていても、人類に大きな貢献をすることはできません。この話は小さい時から聞き飽きているでしょうから、またうるさがられるかもしれませんが。

〈……〉お母さんは君の手紙は一行一行がsparkling〔光輝いている〕と言いました。君の全身からほとばしる青春の火花、青春の輝き、若い命と才能が、おのずと手紙に表れて私たちを引きつけるのです。お母さんによく言うのですが、今君は人生の黄金時代を生きています。よく楽しみ、いろいろな経験をして、一生のうちで一番輝く思い出を作りなさい！　自分が日一日と成長し、進歩し、わかることが日ごとに増えていく。精神の領域がだんだん広がって、心も広く、感情も深く豊かになり――そんな自分を知ることは、人生で最も美しい幸福ではないでしょうか！　最も人の心を揺さぶる詩ではないでしょうか！　息子よ、君は本当に恵まれています。〈……〉

一九五四年十二月三十一日晩

〔……〕送った本の中で、『古詩源選』、『唐五代宋詞選』、『元明散曲選』〔盧前編、一九三七年初版。一九四七年に商務印書館の「新中学文庫」に収められていることから、前二者も学生・一般向けの選集と推定される〕は前に序文があり、よく書けています。じっくり、そして繰り返し読んでください。日をおいておさらいすれば、自然に文学史と文学のスタイルについての知識が増え、外国の友人とおしゃべりするにもよい材料になるでしょう。詞と曲についての序文にはいずれも、中国固有の音楽が隋・唐の時代にすでに衰え、宮廷では外来の音楽が流行していたとあります。したがって本物の古楽府（魏晋両漢のを指す）がどのように歌われていたのか、唐の時代にはもうわかりませんでした。このことは単なる歴史の知識というだけでなく、私たちが将来創作する音楽とも関係があります。つまり、唐・宋の人がどのように詩を歌い、詞を歌ったか現在ではわからないというばかりか、たとえわかったとしてもそれが中国土着の歌い方であるとは言えないということです。龍沐勛氏〔中国文学者。一九三〇年代に曁南大学のほか上海国立音楽専科学校（上海音楽学院の前身）でも詩歌を講じた。主著に『唐宋名家詞選』がある〕が序文で言う「唐宋の人が詩・詞を歌うのに、間にいつも『泛音』を入れたのは誤りだ」（大意）ということに至っては、私の考えはまったく逆です。泛音を入れて歌ってこそ音楽と言うべきだからです。後代の人が泛音に実字を当てたことは、音楽にとって大きな妨げになりました〔「泛音（泛声）」は句形の整った歌詞と、旋律の長短のずれを埋めるハミングのようなもの。後代になってその部分に「実字〔具体的な意味を持つ字〕」を当てるようになり、句形が不揃いになったとされる〕。崑曲がこんなに骨が折れ、わざとらしいのは、また中国音楽が文字によってこれほど束縛されているのは、すべて古人があまりに文字を重んじ、音楽をよく理解していなかったからです。音楽を理解する人は士大夫ではなく、士大夫は音楽を職人がやることと見なしていたので、どうにもこうにも発展しなかったのです。漢・魏の時代には「相聞歌」があり、これは明らかにduet〔二重唱〕の雛形でした。もしこの方向に進化すれば、とっくにpolyphonic〔多声部の〕音楽ができていたはずです。しかし「相聞歌」の詞がほどなくして失われてしまったために、polyphony〔多声音楽〕だけでなく、harmony〔和声〕すら生まれなかったのです。本当に惜しいことです。〈……〉

一九五五年一月二十六日

〈……〉新年にきっと手紙が来るだろうと思って、プレゼントを待つように待っていました。果たして昨日の朝、君の手紙（ポ10）〔傅雷は手紙一通ごとにナンバーを打って保存していた。「ポ」はポーランドの意〕を受け取りました。それもたくさんの嬉しい知らせを。息子よ！　もし私たちが会場にいたら、きっと涙があふれるのを抑えられなかったでしょう。この世で最高の、最も純粋な喜びは、芸術を味わうことです。それもわが子の手と心で表現された芸術を味わうことです。そしてまた、私たちは君が祖国の誉れを高めてくれたから嬉しかった！　君が音楽の力で多くの人々を喜ばせてくれたから嬉しかった！　君が将来もっと大きな成果を収め、たゆみなく進歩するだろうことを考えると、またより多くの人、より幅広い大衆のために働き、彼らの気持ちを励まし、痛みをやわらげることを考えると、私たちの胸は本当に踊り出しそうです！　不朽の巨匠の不朽の作品をさらに輝かせ、地球のすみずみまで伝えることができるとは、何と神聖で、光栄な使命でしょうか！　息子よ、君は本当に幸せです、天にこんなに愛されて。もっと嬉しく、ほっとしたことは、幾分度を越した誉め言葉やお世辞を聞いても、君が自分を見失うことなく、また人々の拍手や抱擁、名士の賞賛をもらっても、芸術に対する謙虚さを失っていないことです。私の教育も無駄ではなかった、君が二十年間味わってきた苦痛も無駄ではなかったのですね！　君の精神はしっかりしているし（勝利のためにのぼせ上がっていないことが、その一番よい証拠です）、君の精神がしっかりしていさえすれば、私は一生安心なのです。成功の大きさや程度は私たちが左右できるものではなく、半分は人の努力次第、半分は天から与えられたものです。しかし精神がしっかりしていれば、失敗も恐くないし、挫折や打撃も——人間関係や生活上の、また技術の訓練や勉強における打撃も——恐れることはありません。これから君はたった一人で闘っていけます。

ましてや実際には良い先生や友達が周りで君を助け、支えてくれるのです。さらに古今の名著が、いつでも君の精神に栄養を与えてくれます。息子よ、これからは永遠に孤独ではありません。孤独になったとしても恐れることはありません！

赤子《せきし》の心〔生まれたままの汚れない心〕という言葉は、私もずっと覚えています。赤子こそは孤独を知りません。赤子は孤独になっても、一つの世界を作ることができ、魂の友をたくさん作ることができます。永遠に赤子の心を持ち続けていれば、年を取っても後れを取ることはなく、この世の全ての赤子の心と触れ合い、抱き合うことができるのです。君の友達が言ったとおりです。芸術に胸を揺さぶられるのは、きっと魂が純粋だからなのです！　澄んだ鏡のように純粋でなければ、どうして先人の魂を理解することができるでしょう？　どうして聴衆の魂を打つことができるでしょう？〈……〉

音楽院の院長先生は君の演奏が流れる水、まるで河のようだと言いました。それでますます私にはクリストフの象徴のように思えるのです。天おじさん〔傅雷の妻・朱梅馥の兄、朱人秀のこと〕は、君が小さい頃からいつもクリストフのつもりになっていたと言います。実際君の個性はロマン・ロランの理想と似たところがあります。河、ライン、ごうごうと高まる水音……鐘が鳴る、空は既に明るい〔『ジャン・クリストフ』冒頭の一節〕……中国は正に「復活」の曙を迎えましたが、どうか君が中国の――新しい中国の――鐘の音になり、世界に響きわたって一人ひとりの心に届きますように！　滔々と絶え間なく流れる水は人々の胸に流れ込み、皆をつれて、君とともに無限の音の海にそそぐでしょう！　世界に名高い揚子江と黄河は、ライン河より勢いが強いのですから！　……君見ずや、黄河の水天上より来たり、奔流海に到って復た回《かえ》らず〔李白「将進酒」の一節〕。……無辺の落木蕭々として下り、不尽の長江滾々として来たる〔杜甫「登高」の一節〕。……このような詩人の魂を伝統に持つ民族は、牛斗〔牽牛星と北斗星〕をも呑む気概で表現してしかるべきです。

　君はいつも悩みと喜びの中にあると言いますが、芸術家は悩みがなければ進歩しないし、発展することも、深まることもないでしょう。悩みがあるのは生気があふれている証拠です。今のところ君が感じているのは、テクニックが理想と差があるという悩みだけですが、将来はさらに大きな悩みに繰り返し突き当たるでしょう。形式と内容がしっくりこないことや、心に潜むたくさんの思いもよらない悩みが君を待っています。心配しなくてもいいですよ、一つ悩みを解決すれば、一歩前に進めるのですから。悩みは全て解決しきれるものではありません。だから芸術にはこれで終わりということはありませんし、perfect〔完璧〕な一日などありません。人生にだってperfect〔完璧〕な一日などありません！　だからこそ私たちは日々努力し、一生追求し、研鑽を積むことが必要なのです。そうでなければ皆が羲皇上人《ぎこう》〔伏羲のこと。古代伝説上の帝王で、人類の始祖とされる〕になって、何もしなくても天下を治めることができるのなら、人間でいるのなどいやになってしまいます！

歓喜の日　一九五五年三月〜

傅聡はショパンコンクールで見事第三位に入賞、マズルカ賞をも受賞した。ショパンコンクールの歴史上、東洋人として初めての快挙だった。中国国内でも『人民日報』の第一面で報道されるなど、大きな反響を呼び起こした。

一九五五年三月二十一日午前

聡、愛する息子よ。この一か月待ち望んでいた結果がついに発表されました。何日も眠れず、十九日の夜はさらに頭がぼうっとしていましたが、昨晩（二十日）は嬉しい知らせのために興奮し過ぎて、二人ともやはり眠れませんでした。まず昨日夕方五時過ぎ、馬夫人〔中央音楽学院院長、馬思聡の夫人。馬思聡は審査員の一人としてワルシャワのコンクール会場にいた〕が北京から長距離電話をくれました。そして八時頃にはラジオで発表があり（五位まででしたが）、今朝の新聞で十位までの名前が出ました。よくやったね、愛する息子よ！　君は皆の期待を、祖国の信頼を裏切りませんでした。先生の懸命な指導、そしてポーランドの友人や多くの人々の数か月にわたる励ましを無駄にはしませんでした！

もしかしたら君は、自分の名前がもっと前にあればよかったと思っているかもしれませんん。どうでしょう、「玉にキズ」という気分ではないですか？　でも忘れてはいけません、息子よ、国を発つ前の基礎力から見れば、この七か月の間にすでに最大の努力をしたのです。今回のコンクールでは do your best〔最善を尽くし〕ました。それどころか、この七か月の成績はほとんど奇跡です。君にこんなに才能があるとは思いませんでした。君にこんなに早く春がやってきて、こんなに美しく花開き、世界の楽壇に香りを放つとは。東方に星が上がった、こんなにも明るく、清らかで、深い光をたたえた星が。そして新中国のために、輝かしい世界記録を打ち立てた！　私という父親はこれまで君を過小評価してきましたが、君は才能と努力で私の誤解を打ち破りました。私は本当に嬉しい、誇らしい。私の誤った評価を見事に覆してくれる息子を持つことができたのですから！　お母さんは正しかった。母性の偉大さは理性にあるのではなく、直感的な感情にあります。長年、お母さんは口では言いませんでしたが、心の中では私が君の能力を過小評価していると思っていました。今になってそれをすっかり打ち明けたのです。私は自分の誤りを認めます。しかしこんなに楽しい気持ちで誤りを認めようとは、これも一つの奇跡と言えるのではないでしょうか？

一九五三年の十二月、君が北京から帰って来た時のことを思い出します。私は君がポーランドに行って勉強することには賛成しましたが、コンクールに参加することは勧めませんでした。周巍峙〔傅聡がルーマニアで開かれたコンクールに出場した時の、中国芸術代表団の団長〕に手紙まで書いて、参加させないようにと言ったりもしました。私がずっと君を見損なっていたとしても、あの頃の君の実力では、私の考えが全て間違っていたとは言えないでしょう。たとえ参加しても、見込みがあるとは限らないと、君自身も思っていましたね。初めて海辺へ行った時〔バルト海に面した町、ソポトのことか。ソポトは様々な国際音楽フエスティバルが開かれることで知られ、傅聡も演奏の機会があったらしい〕も、それほど自信があったわけではないでしょう。この七か月の勉強や演奏会の経験が、どれだけ君の力となったかは言い表すこともできません。私たちにとって意外であっただけでなく、七か月前の成績から見れば、君自身にとっても思いのほかだったのではないでしょうか。

今朝早く柯子岐から電話があって、両親の代わりにお祝いを言ってくれました。子岐はこう言いました。二位だけよりは三位プラスマズルカ賞の方がいい、と。この言葉は私たちの気持ちそのままです。君にはこういう思いがありますか？

振り返ってみれば一九四九年の第四回コンクールの時、君は昆明でさまよっていました。あの頃の生活や悩み、漠然とした未来は、今の君と比べれば、夢のようではありませんか？一九五一年に上海に戻って来た時はPathetique Sonata〔ベートーヴェンのピアノソナタ「悲愴」〕さえ上手く弾けなかった人が、五年後に国際的な音楽コンクールで三位を獲得するとは、誰が想像したでしょう。君の経てきた回り道、苦しみや失望や挫折が、今日の成功をもたらしたのです！さらに大きな成功を得るためには、倍の努力をして、新たな回り道や挫折も覚悟しなければなりません。私は絶えず君をうながして、過去の困難を思い出させましょう。これから困難に出会った時、もっと大きな勇気で克服し、信念を失わずにいられるように。人生は終わりのないマラソンであり、君の道のりはまだ長いのです。これは輝けるスタートに過ぎないのですから。

話を戻せば、私が昔君を見損なっていたことは、ある面では悪い影響を与えたかもしれません。しかし少なくとも一つの点では大きな助けになったでしょう。私が厳しくしていたからこそ、君は驕る気持ちを持たなかったのです。——覚えているでしょう、ルーマニアで三位だと発表された時、君はひどく腹を立てました。若い人はしばしば自分の力を買いかぶるものです。私は長年君をしっかり引っ張ってきて、少なくとも芸術に対して厳粛な気持ちで臨むよう教えてきました。時に君が我を忘れたりしても、簡単に引っ張り戻すことができました。こういう話をするのは、私の過去のやり方を正当化するためではなく、今回の成功にあたって特に気をつけてもらいたいからです。決して自己満足や驕りに陥ってはなりません。繰り返す必要がないことはわかっていますし、今はもう、君は驕り高ぶりの段階は通り越したでしょう。けれども私は結局儒家の弟子だから、すばらしいことがあると必ず「深みに臨むごとく、薄氷を踏むごとく」、とりわけ慎重に、こわごわと、用心してしまうのです。

さて再び実際の問題を話しましょう。私の推測によれば、君は今回やはりtechnic(技巧)

で損をしたのであって、music（音楽）で損をしたのではありません。君の技巧の基礎からすると、また馬先生がポーランドから家に送った手紙によると、どうやらこの面では自信たっぷりというレベルに達することはできなかったようですね。無理もありません、これまでどれほどの訓練を受けたというのでしょう？　七か月でこの成績を収めたこと自体が奇跡なのですから、これ以上厳しいことが言えるでしょうか。［……］

「完璧でない」ことについてですが、私も自分の翻訳に対してそのような反省があります。どの本を訳しても、始めから終わりまで全てうまくできたとは思えません。どんな芸術にとっても一番難しいのは「完璧」であることなのでしょう。君は perfection〔完全無欠〕について言うけれど、もともと perfection など存在しないのです。人生にも、そしてこの世界や宇宙にも perfection ということはありません。あるとしたら哲学者の理想や政治家の理想の中だけです。私たちが一生求め続けるもの、有史以来何代もの人々が追い求めてきたものは perfection にほかなりませんが、それは永遠に手に入らないのです。なぜなら人の理想や夢は留まるところを知らないので、perfection は水の中の月のように、鏡の中の花のように、結局ほしくても手が届かないのです。ただある程度のところでおよその「完璧」、または相対的な「完璧」に近づくことができれば、それで良しとしなければなりません。

［……］

コンクールはもう終わったのですから、ひと月に二回くらい手紙がほしいものですね。特に知りたいのは、（一）外国の音楽界の状況。（二）ある曲に対する君自身の感想や体得したこと。ぜひ暇を見て書いてください！　これからは今までのように、朝から晩までピアノに向かっていなくてもいいのですからね。勉強は多くの方面にわたって進めなければなりませんし、技巧を身につけるには長い訓練が必要ですから、決してあせってはいけません。落ち着いてよく考えなさい。手紙を書くにはどうしても考えを整理しなければなりませんから、よい訓練になります。

楽理の方はいつ始めるつもりですか？　もちろんポーランド語の力と関係がありますが。

一九五五年三月二十七日夜

聡。参考になるようにと思い、モーツァルトを論じた本〔フランスの音楽学者カミーユ・ベレーグの『モーツァルト』〕から一部を訳してあげました。ほかにロマン・ロランがモーツァルトについて書いたものもあるのですが、訳が間に合いませんでした。いつモーツァルトの勉強を始めるのですか？　ショパンは曲を書く時 taste〔味わい〕の面でモーツァルトの作風を意識していましたし、また強い影響を受けていました。ショパンを弾いてから続けてモーツァルトの研究をするのは、精神的なつながりという点でより近いものがあると思います。ジェヴィエツキ先生と相談してみるとよいでしょう。ベートーヴェンの第四番をしあげてから、モーツァルトにとりかかるのはどうでしょうか。そろそろという時に手紙をくれれば、ロマン・ロランの文章を送ります。

今回訳してあげた文章から、よくわかったことがあります。モーツァルトのやさしい美しさがロマン派の美しさと違うのは、彼が天使のように清らかだからで、世俗的な感傷やいやらしい sweetness〔甘さ〕が全くないからなのです。神のやさしさは、もちろん凡人とは異なっており、ダ・ヴィンチやラファエロの聖母のような美しい笑顔は、この世には決してありません。俗世を超越した心のさわやかさとはどんなものか。天真爛漫な愛らしさとはどんなものか。それを理解することができ、心の揺らぎが少しもなく、情欲によってかき乱されることもなければ、モーツァルトを表現しようとする時「当たらずとも遠からじ」というレベルに達することができるでしょう。君はどう思いますか？　よく

十四、五歳から十六、七歳の少年が特にモーツァルトになじむのは、彼らの童心が汚されていないからなのです。

将来近代のどんな作曲家に取り組むつもりなのか、早めに計画して早めに手紙をください。資料を送りたいと思います。精神的な部分では、まだ助けてあげられることがあるでしょう。

もう一度言いますが、普段の手紙ではもっと音楽のことを書いてください。思うところや得たところがたくさんあるはずですし、先生やほかの教授たちの意見も。こちらの若い人はそれぞれ目覚めているのですが、資料がなくて苦しんでいるのです。彼らはよく訪ねて来てしゃべりますし、私もできるだけ助けになりたいと思っています。君は外国にいて見聞も広いし、そちらで絶えず進歩しているのですから、教えてくれることがたくさんあるはずです。また人の思想は書きながら形作られていくもので、それによって頭の回転を刺激し、上手に早く書けるよう訓練することができます。そしてまた、道義的な責任からも外国の思潮をできるだけ報告しなければなりません。人民に奉仕するというのは、大会で演説したり、世間を驚かす大事業をすることだけではありません。自分の知ったことや考えたことを、そのつど、わずかずつでも人に伝えることも、おのずから国のために種をまき、肥料をやり、土を耕すことにつながるのです。息子よ、くれぐれもよく覚えておいて、たくさん書いてください！

［……］

黄賓虹先生が今月二十五日、杭州で胃ガンで亡くなりました。九十二歳でした。芸術家として、黄先生には百歳まで生きてほしかった。この冬は私の体調が悪く、転んだこともあって、なかなか連絡を取ることができませんでした〔傅雷はこの年一月に階段から落ちて右足をひどくくじき、しばらく不自由な生活を強いられた〕。十一月のはじめに杭州へ行き、お宅で二日間も続けて絵を見て、写真を撮ってあげたりもしましたが、これが永遠の別れになるとは。病床でも私のことを気にかけ、知り合いでもない人に私のことを話していたそうです。それを聞いてとてもつらく、知らせをもらった日は一晩中眠れませんでした。

失われた手紙

一九五五年四月〜

傅聡のショパンコンクール入賞という喜びのあとで、思いがけない苦しみが傅雷を襲った。通信手段の乏しい当時において、息子との物理的な距離は、父の心に際限のない不安を呼び起こす。

一九五五年四月一日晩／三日

［……］忙しいのはわかっていますが、私だって忙しくないわけではないことを知っているでしょう。少なくとも君と同じくらいは忙しいのですからね。この七、八か月体がとても衰えてしまい、ひどく転んでからもう二か月半になりますが、足はまだふらつくし、腰の痛みもひどくなっています。でも私はがんばって仕事をし、手紙を書き、君のためにモーツァルトを訳したりするのも休憩時間を使って、腰痛を我慢してやっているのです。息子よ、なぜいつもこんなに心配させるのですか？　そろそろ手紙が来る頃なのに、届かないと、私たちは一日中落ち着かないのです。

こう想像したりもします。もしかしたら馬思聡先生〔ヴァイオリニスト・作曲家。当時北京の中央音楽学院の院長を務めた〕が帰ってくる時、手紙を持ってきてくれるかもしれないが、一体いつワルシャワを発つのだろう？　二十五日以降にポーランドを離れるとしたら、まさか君はその時になってやっと手紙を書くのだろうか？　写真やほかの文書や新聞の切り抜きなどは重たいから、もちろん馬先生にあずけるのがいいし、高い航空便代を節約することができる。しかしコンクールの詳しい様子を伝えるのに、こんなあとになって筆を執るなんてあり得ないだろう？　演奏会のことを言うなら、早くともコンクールから一週間は間をあけるだろうし、コンクールが終わってすぐまた忙しくて手紙を書く暇がないということはないはずだ。それなら一体どうしたのだろう？　まさか二か月あまりも家に手紙を書かないことが、君にとっては心の負担にならないのだろうか？　まさか本当に体の具合が悪いのだろうか？

　私たちはこれまで手紙がほしいと言い続けてきました。まるで頭を下げてお願いするように。父さんの性格がわかっているはずだから、手紙のことでこれ以上屈辱的な気分にさせないでくれませんか？

　記念アルバムの記録から統計を作ってみました。ショパンコンクールではこれまで、第五位までに入ったのは、ポーランド、ソ連、フランス、ハンガリー、イギリス、中国の六つの国だけです。ドイツは第三回の時六位に入り、オーストリアは第二回の時十位に入ったただけ。イタリアは第二回の時二十四位でした。やはりショパンの精神に最も近いのはスラブ民族だということがわかります。それからハンガリーとフランスですね。純粋なゲルマン民族と純粋なラテン民族はどちらもだめです。フランスは純粋なラテン民族には入りません。おかしいのは、深く広い教養を持つBusoni〔ブゾーニ、イタリアのピアニスト・作曲家〕のような大家すら、生前はショパンの演奏で知られたわけではないことです。十九世紀末のドイツには、何人もの大ピアニストが出ましたが、ショパンをうまく弾く人はいませんでした。

しかしこれは個人的な推量に過ぎません。今回のコンクールで君は実際にたくさんの国の代表に接し、各方面の批評も聞いたでしょうから、きっとこの問題について意見があるはずです。聞かせてください。（一日晩）

今日馬先生からの手紙（三十日付）を受け取りました。君がソ連へ行って勉強しようとしていること、それからすでに文化部〔全国の文化事業を管轄する省庁。「部」は日本の省に相当する〕と話し合って、まず君を帰国させて演奏会を開くことに決まったとありました。そしてまた、来年二月にドイツで開かれるSchumann〔シューマン〕コンクールに、君を参加させる予定だとも。

帰国するとなると、演奏会も含めて少なくとも二か月はかかるでしょう。それにポーランドでいくつかの音楽会を済ませてからでなければ動けません。かれこれするうちに三か月が失われてしまいます。学業の上では大きな損失です。特に技巧の面でさらに仕上げが必要なのに、もし来年のSchumann〔シューマン〕コンクールに参加するのであれば、シューマンのテクニックはショパンより大変なのですから、もっと急いで取りかからなければなりません。政府に往復の旅費を出させて何か月分の勉強を無駄にするより、（前の手紙で言ったように）ポーランドでレコードを録音して、国内に送った方がいいのではないでしょうか。皆が聴くことができますし、永久に残るものですから。勉強も妨げられなくて済みます。私たち親としては、気持ちの上ではとても会いたいし、君のすばらしいピアノが聴きたい。けれども君の学業のことを考えると、その幸せは諦めた方がいいと思うのです。すでに馬先生に手紙を書いてこの気持ちを伝え、文化部とよく相談してくれるようお願いしました。このことについて、反対はしないでしょうね？

それから、ソ連に行って勉強することについてですが、これまで全然話してくれませんでしたね。君がポーランドへ行ってから、私は二十九通もの手紙を書いて気持ちを表してきましたが、まだ信頼してもらえないのでしょうか。何でも話し、相談してほしいと思うのに。私には全然言わず、馬先生に頼んで直接中央に申し出るとは、正直に言って、とても屈辱的な気分です。つまり君が私に心を開いていないということですから。おそらく小さい頃から君に不適切で、不合理な教育をしてきた、その影響がまだ完全に消えないのでしょう。コンクールのあと全然手紙をくれないのは、心に何かわだかまりがあるからなのですね！　馬先生が帰ってきても、手紙も託されていなかったので、私はひどく落ち込み、どんなに君に尽くしても過ちを埋め合わすことはできないのだと思いました。今や誰もが（馬先生も含めて）、君の今日の成功は、小さい頃私によって培われた基礎のおかげだと言います。しかし実際は、誰も君の当面の問題について私の意見を聞いてはくれません。そうですとも、私は老いぼれです。もう君の役には立たないのです。

それでも私はまだいくらかひとりよがりのくせがあり、物事について君たち若者よりも深く、はっきり見通せると思いこんでいるのです。

それに私は責任感が必要以上に強く、自分が老いぼれであることを忘れ、そんな力もないことを忘れて、何とか君の役に立ちたいと思うのです。

ですからもしこれから書くことが気にさわり、何もわかってはいない、君の勉強に何が必要か全然わかってはいないと思ったら、今言った二つの理由から私を許してください。私が所詮は人であること、そしてわが子を思う親の気持ちを捨て切れないことをわかってください。

何かにとりかかろうという時は、その前にいろいろな角度から考えてみることが大切です。特に方法を変えようとし、古い道を捨てて新しい道に踏み出そうという時は、自分の理知で天秤を作り、古い道と新しい道を両方の皿に載せて綿密に測ってみなければなりません。さて君の代わりに、一つ一つのことがらをはかりに載せてみましょう。

甲の皿（1）ジェヴィエツキ先生はこれまで十分な手助けをしてくださったか。もしもっとよく指導してくださったなら、君の技術はもっと進歩していただろうか。

甲（2）六か月間ポーランドで勉強した結果、コンクールでこのような成績を収めたが、これについて不満を感じるか。

甲（3）一位を取ったポーランド人もジェヴィエツキ先生の学生だった。彼が一位を取れた理由は何だろうか。

甲（4）技術を訓練する方法として、ポーランド派は欠点があるか、あるいは完全でないのだろうか。

甲（5）技術は時とともにゆっくり向上するものだろうか。


乙の皿（1）ソ連の教授法はジェヴィエツキ先生より必ず優れているだろうか。技術の面でより大きな手助けとなるだろうか。

乙（2）もし六か月間ソ連で勉強していたなら、成績はもっと良かったはずだと思うか。三位より上だっただろうか。

乙（3）ソ連は二位を取ったが、なぜ二位どまりだったのだろうか。

乙（4）技術を訓練する方法は、ソ連がいかなる国より必ず優れているのだろうか。

乙（5）ソ連にはより早く向上する方法があるだろうか。

甲（6）ショパン以外の作曲家について、ポーランドの先生はあまり大した理解がないと思うか。

乙（6）ほかの作曲家に対して、ソ連はどの国よりもずっと深く理解しているのだろうか。

甲（7）去年の八月周小燕〔中国のソプラノ歌手、上海音楽学院教授〕がポーランドに行った時、ジェヴィエツキ先生が君のレッスンのためにわざわざ英語を勉強していると言っていた。君はこのことを知っているか。

乙（7）ソ連の教授はジェヴィエツキ先生よりも熱心だろうか。

一般的なことがらについて。

（8）君個人について言うと、技術を訓練する方法を変えれば、必ずさらに進歩するのだろうか。だから特に（2）の点に注意しなければならない。この六か月の努力をもってすれば、もしもっと良い方法で教えてもらっていたら、技術の上でほかの人と肩を並べられた、もしくはより近づくことができたはずだろうか。

（9）Schumann〔シューマン〕を勉強するためには、ソ連が特に優れた環境なのだろうか。

(10) 以前君は、ジェヴィエツキ先生は古典派と近代の作品を教えるのがとてもうまいとさかんに言っていた。今は意見を変えたのか。

(11) ポーランドに住んでからの七か月をふりかえると、学習環境はあまり理想的ではないのだろうか。ソ連はこの点でもっといいのだろうか。

(12) ポーランドでは各方面の人々が君に関心を寄せ、指導してくれた。ソ連でも同じようにしてもらえるのだろうか。

(13) ポーランドは一般的に西欧的な気風があるが、自分の勉強にとってあまりよくないと感じているか。

これらの問題について落ち着いてよく考え、客観的に一つひとつ測ってみて、「民主的な表決」で総括してください。それから決定するのです。つまり聞くかどうかは君次第、私は言うだけは言いますから。昔は私が「高い山の上から物事を見ている」と認めてくれていましたが、たぶん私は近視なので、見極めた情勢は正しくないでしょう。しかし少なくとも君は近視ではない目で、私の見たことが正確でないかどうか確かめてみなければなりません。やはり正しくなかったということなら、もちろん聞かなくていいのだし、聞くべきでもありません。

私のことを頑固な時代遅れだとは思わず、意見を参考にしてもいいと思ってくれるなら、どんなに「光栄」でしょうか！　いつの日か、君が何でも私よりはっきり見ていることに気付いたら、私は誰より先に君に敬服しましょう。そしてくだくだ意見を言うのはやめ、何かあったら私が君に教えを請いましょう！　今はまず、だんまりをやめてください。人を最も苦しめるのは、unknown〔知らない〕とuncertain〔わからない〕ということです。どうか他人を思いやる前に、両親を思いやってください！（三日）

一九五五年四月二十一日夜

息子よ。起き上がれるようになったら、もう手紙が書きたくなりました。

君がコンクールのあとに書いた長い手紙が、郵便局のせいでなくなってしまったとは、何とひどい話でしょう。私たちが半月あまりも落ち着かなかったのは、全て郵便局のせいだったのです。三月三十日は私の誕生日だったので、手紙が来る頃だと期待していました。四月のはじめになってますますいらいらし、頭もぼんやりして、なぜ手紙が来ないのかどうしてもわかりませんでした。四月十日頃になるともうすっかり諦めてしまい、永遠に手紙が来ないのかとまで思ってしまいました。

四月十日の午前九時半から十一時まで、北京放送局が君のBerceuse〔ベルスーズ、揺籃曲〕とMazurka〔マズルカ〕を放送しました。聴きながら口では言い表せない思いで一杯でした。耳には君の弾く音楽がある。が、心ではわが子が私たちをどう思っているのかさっぱりわからない——でなければなぜ手紙が来ないのか？　そうです、息子よ、私とお母さんの気持ちがこの一か月どんなに揺れ動いたか、決してわからないでしょう。もし将来子供を、しかも君のような子供を持つのでなければね！　馬先生が三月三十日に北京から手紙をくれ、君の様子を伝えてくれたので、体は元気なのだとわかりました。それならなおさら、いつまでも手紙をくれないのはどうしたことかと思い悩み、どうすればいいのかもわかりませんでした。ましてや文化部には要請を出しながら、私には何も言ってくれないのですから。また父さんを信じてくれなくなったのだろうか？　この疑問は私に最も強い苦しみをもたらしました。一方でシューマンが父親を早く亡くして悲しんだことや、モーツァルトが父親に宛てて書いた心のこもった手紙などを思い起こしました。そのうちの一つは、モーツァルトがSalzburg〔ザルツブルク〕の大主教の元を離れて父親にとがめられた時の返事です。

「そうですとも、これは父親の手紙です。しかし私のお父さんの手紙ではありません！」聡、考えてごらん、これらを連想して私がどんな思いだったかを。四月三日（第三十号）の手紙を書いた時、いかに苦しみと絶望的な気持ちで一杯だったか、私は永遠に忘れることはないでしょう。お母さんは言いました。「これまで何もかもうまくいって、幸せ過ぎたから、天が私たちを嫉妬してこんな試練を与えたのでしょう」。そうでなければ、あんなに大切な手紙を郵便局がなくしてしまったことは、どう説明がつくのでしょうか。

その手紙は私たちにとって歴史的な意義がありました。君のために編集している「学習の経過」と「国外の音楽ニュース」（君の手紙を分類して二冊のノートに書き写しています）にとって、きわめて重要な資料だったのです。今後君と会ったら、おしゃべりをしたあとは必ず話の要点を記録しようと決めています。若い人々の学習のために、中国という正に音楽が芽生え始めた国のために、これらの記録は大きな意味を持つでしょう。だから今回の長い手紙が失われて大きな空白ができてしまったのを、一体どうしたらよいでしょうか。

取り返しがつかないわけではありません。失われた手紙のために、私たちが二十日あまりも苦しんだことは、大きな代価だったと言わざるを得ないでしょう。今度は君にも代価を払ってもらえるでしょうか？　毎日一時間、三、四日続けて代わりの手紙を書いてくれさえすれば、補うことができます。それにコンクールが終わってしばらく経ったので、考えることがより客観的になっているかもしれません。自分の演奏をどのように評価しているか、またほかの人に対しては——特に上位四、五人についてとても知りたいのです。これまで芸術に対する考えをたくさん書いてくれるようずっと願ってきました。特に弾いたChopin〔ショパン〕の曲に対する感想です。私はいつも芸術に関することを書き、国内の楽壇のニュースを知らせていますが、君の反応を見たいのと、国内の様子をいつも知っていてほしいと思うからなのです。

〔……〕

コンクール委員会が三月末にprogram〔プログラム〕を一冊、記念アルバム（英語とフランス語の各一冊ずつ）と、中国語のコンクールのポスターを二枚送ってくれました。きっとジェヴィエツキ先生が頼んでくれたのでしょう。こんな心遣いをいただいて！　もちろん君のおかげですね。

君は戻ってくると言い、馬先生の手紙（三月三十日付）では、その際何回か演奏会を開くことに文化部が同意したとありました。しかし君の今度の手紙（四月九日付）と馬先生の手紙は、どちらを見てもそれが君の希望だか、文化部の意向だかわかりません。学業の面から言えば、帰ってくるのは大きな無駄だと思います。もし休みがほしくて、三、四か月時間があいても勉強に響かないという自信が絶対あるなら、信用していいですよ、私とお母さんが歓迎しないはずはありません！　親の勝手を言うなら、私たちは毎年でも君に会いたいと思っているのに！

勉強の問題については、君がソ連に行くことに絶対反対しているのではなく、ポーランドでもう二、三年過ごすのもよいだろうと思うのです。ポーランドからソ連に移るのは簡単ですが、ソ連からまたポーランドに戻るのは難しいでしょう。この点をよく考えるべきです。もしポーランドは勉強の環境が良くないと、またはジェヴィエツキ先生と合わないと思うなら、私が言うべきことはありません。君が自分で決めなさい。ただ決める前は、必ずごく慎重に、冷静に、いろいろな方面から、大所高所から考えを尽くすことです。

去年の十一月に君はこう言っていました。「コンクールが早く終わって、古典と近代の作品の勉強に専念できればいいのに。ジェヴィエツキ先生が教える古典には本当に敬服します」。まさか数か月のうちにこの意見が完全に変わってしまったのですか？

技巧の問題について言うなら、私が保証しましょう。君の基礎力から見て、去年の八月から今年の二月までにあげた成果は、世界のどの大先生、どの学派について勉強したとしても、今回のコンクールを超える成績を出すことはできなかったでしょう！　君の才能も、努力も、今回最高に発揮されましたし、先生も君を教えるのに持っている全ての本領と忍耐を発揮してくださったのです。これまでprogram〔プログラム〕に書かれたほかの人たちの学歴を調べたことがありますか？　私はしっかり眺めてみましたよ。コンクールに参加した全ての人の中で、アフリカの人を除いては、君ほどあわれな学歴の人は一人もいません——言い替えれば、良い先生についてたった六、七か月で入賞した人は、君のほかに誰もいないのです！　だから私が三月二十一日の手紙（第二十八号）で言ったように、君の基礎力から見れば、三位を取ったことは実際にはそれ以上の意味を持っているのです。もっとはっきり言いましょう。考えてごらんなさい、Harasiewicz〔ハラシェヴィチ、ポーランド人で傅聡と同じくジェヴィエツキの弟子、第一位を獲得〕やAskenasi〔アシュケナージ、ソ連、第二位〕、Ringeissen〔リンガイゼン、フランス、第四位〕といった人たちが、仮に君と同じような状況でピアノを勉強してきたとして、十歳から十二歳半の間Paci〔パーチ、イタリア人ピアニスト・指揮者。一九一九年から一九四二年まで上海工部局交響楽団の指揮者を務めた〕に習い、十七歳から十八歳までBronstein〔ブロンスタイン〕に習い、コンクールの前七か月をジェヴィエツキに習っただけだったとしたら、はたして彼らに第三位とMazurka〔マズルカ〕賞が取れたでしょうか？

こういうことを言うのは、君にもっと偉ぶってほしいからではなく、これまでの六、七か月に君が最大の努力をし、ジェヴィエツキ先生も最大の努力をしたことを思い出してほしいからです。school〔学派〕を変えれば、この六、七か月の成績はもっと良かったはずだと思っているとしたら、それはあまりにも身の程知らずで、自分を超人的な天才だと思っているのですね。簡単に満足し過ぎるのももちろんよくありませんが、満足することを知らずに多くの非現実的な幻想を引き起こすのも健全ではありません！　この点については、私だけが君に指摘してやれるのだと思っています。もし私が君の考えを誤解しているなら（君の長い手紙が失われてしまったので、もしかしたらその中にたくさん理由が書いてあったかもしれません、この方面の）、どうぞ私の言うことを「あればすなわちこれを改め、なくんばすなわち勉を加う〔誤りがあれば改め、なければ一層自らを厳しく律する。『論語』の言葉〕」にしてください。父さんの一千語、一万語もの言葉は、君のために、君一人のために良かれと思うだけでなく、私たちの音楽界のために、そして私たちの祖国と人民と全世界の人類のために良かれと思って言うのです！

クリストフ（晩年の）とジョルジュ〔『ジャン・クリストフ』の主人公と、親友オリヴィエの遺児ジョルジュを指す〕の間の距離は、揺れ動く時代には避けられないことと私もわかっています。しかし私はまだ落ちこぼれたくはないし、何事につけても、どこにあっても君たちに追いつき、理解したいと思っています。

君たちから新しい生命と、血液と、空気を取り入れると同時に、できるだけ私たちの経験と冷静な知恵を君たちに捧げ、君たちの忠実な杖になりたいと思っています！　もしもいつの日か、私という杖が足手まといだと君たちが感じたなら、私にもわかるでしょう。私はひっそり姿を隠し、決して君たちにまとわりついて邪魔をすることはありません。

　君があまり知らないだろうことがあります。私はこれまでの人生で重要な問題にぶつかった時、その方面に詳しく経験のある友人たちに相談しなかったことはほとんどありません。逆に、友人の方も重要な事があれば私の所に相談に来ないことは滅多にありません。私も君とこうして互いに助け合う関係をずっと続けていきたいのです。

　ジェヴィエツキ教授は四月五日のお手紙でこう言っていました。「聡は将来の勉強の計画について私にほとんど話しません。私の知るところ彼はソ連の若者たちと盛んに交際していて、あちらの学派にあこがれているようです。しかしもし聡が望むなら、私は喜んでさらに相当な期間彼を指導したいと思っています。彼はこれから技巧の面で仕上げをする必要があるだけでなく、感情（emotion）と情緒（sentimento）のバランスの面でも節制する努力をしなければなりません（これはこの二、三年いつも私が話していたことです）。私は彼にless romantic〔よりロマンチックでない〕作品、つまりバッハやモーツァルト、スカルラッティ、ベートーヴェンの初期の作品などを教えるつもりでいます」。

先生はまた、一次予選の時君がtempo〔テンポ〕をゆっくり弾き過ぎ、そのあと馬先生がアドバイスしてくれたので、二次予選の時ずっとよくなったことなどを書いてくださいました。君はこれまでジェヴィエツキ先生がcold〔冷淡〕だと言っていましたが、私に下さる手紙から見ると、行間には暖かさが、君に対する暖かさがあふれています。想像するに先生は私と似た性格で、口で若者を励ますのが苦手なのでしょう。どう思いますか？

〈……〉

一九五五年五月八日／九日

〈……〉「返事をしない」ことについて、またいろいろ思うところがありました。私はこう考えます。長々と続けて手紙を書くのは、むだなおしゃべりをするためでも、わけのわからないgossip〔ゴシップ〕を伝えるためでもなく、いくつかのよい役割があるからです。第一に、私は確かに君を、芸術を論じ、音楽を論じるための相手と見ています。第二に、君を刺激して若者の考えることを知り、父親としての新鮮な養分にし、それをまた間接的にほかの若者に伝えることができます。第三に、手紙を通じて君を訓練します——文章の書き方だけでなく、特に君の思想をです。第四に、私はどんな時でも、どこにあっても君の警鐘となり、「忠実な鏡」となりたいのです。身の処し方だけでなく、生活の細かな面、芸術の修業や演奏スタイルにおいても。私は父親として君の影になりたいのです。いつでもどこでも君を助け、守らなければならないし、しかもうるさい影だと思われないようにしなければなりません。これらの願いは、今まで三十通あまりの手紙に繰り返してきましたが、君はほとんど深く考えていないようですね。ふさわしい反応がありませんし。つまり、せいぜい手紙で「受動的に」私が言ったことに賛成するか、あるいは異議を示す程度で、「主体的に」君の主張や感想を述べることは滅多にありませんからね――特に十二月以降は。

君は作家ではないのだから、単純な職業観念から言えば、もちろん文章の書き方を訓練する必要はありません。しかしたくさん書くよりほかに、今の環境では、どうやって君の思想や理性や intellect〔知性〕を訓練するのですか？　思想や理性や intellect を訓練することが大切でないとは言えないでしょう？　よく読者が手紙をよこして、もっとやりとりしてくれるようにと言いますが、残念ながら彼らのレベルは私と差があり過ぎて、かわいそうですがどうしようもないのです。君は十分な条件を備えているから、私といろいろな話ができますし、私もこんなに君と話したがっています。それなのに君は滅多にのってこないのですからね！　息子よ、人はしばしば手元にあるもの（チャンスや、環境や、いろいろ貴重なもの）を大切にせず、失った時初めて後悔します。これは人の常ですが、だからと言ってこのような愚かさに目をつぶってはならないし、なんとかして改めなければならないのです。

君は祖国のために、人民のために奉仕したいという情熱を持っているのではないですか？　祖国のため、人民のために奉仕するにはさまざまなやり方があり、何も外国で祖国のために栄誉を勝ち取ることや、音楽で人々を慰めることだけに限りません――もちろんこれが君の最も大切な任務ですが。私たちの芸術家は自分の感想や、体得したことを、常にほかの人に伝え、ほかの人が参考にし批評するための資料にしなければなりません。君は将来、演奏家になるだけでなく、教育家にもならなければなりません。だから一層、思想や理性を訓練する必要があるし、長い時間をかけて訓練する必要があるのです。この哀れな父親は、あらゆる点で君のためにこの準備をしています。しかも君のために準備をしていると言うよりは、中国音楽界のために準備をしていると言う方がふさわしいでしょう。息子よ、同胞を愛する情熱をただ持っているだけでは役に立ちません。必ず事実でもって他人に実質的な援助を与えなければならないのです。こうしてこそ真に道徳的な実践となります。私たちが君にたくさん手紙を書いてほしいと願うのは、親の身勝手な気持ちからだとは思わないでください。——もちろんそれもいくらかはありますが、決してそれが主要ではないのです。一生の間に受ける他人の援助には、行動で報いるべきだとわかっているでしょう。そして多方面において自分を訓練することこそ、他人に報いるための基本的な準備なのです。〈……〉

一九五五年五月十一日

［……］息子よ、心配しないでください。四月二十九日と三十日の二通の手紙は徹底して書いてあり、様子はすっかりわかりましたから、私たちは決して誤解していません。以前手紙がもらえないことはもちろん辛かったのですが、ひとたび長い手紙をもらって、内情がよくわかれば、どうして君に対して不快に思ったりするでしょうか。ただ同情するばかりで、長い手紙を書くためにまた徹夜したかと思うとかわいそうで、本当に耐えられない気持ちです。国を出て七、八か月、書いてくれた手紙にはそれほど度を越した部分もありませんでしたし、時に人を信じ過ぎたり、あるいは疑い過ぎたりする点が見て取れると、多少割り引いて読みました。情熱的な人、特に若者にとって、度を越すのは仕方がないこ

とです。心根が善良で正直で、胸襟が広く、自分の判断をすぐに改めることができ、自分の考えに固執しなければそれでいいのです。自分をひどく責める必要はないし、今後たくさん手紙を書いて、私たちに状況を知らせてくれれば、いつでも意見を言ってあげます。その方がむやみに心苦しく思ったり、償いのつかない「過去」を後悔したりするより、ずっとましでしょう。手紙を書くのが下手になったと言いますが、私たちは上手になったと思います。分析する力が以前より強くなったし、態度も落ち着いていますね。父さんは文章にはきわめて厳しく、文章に表れた思想をきわめて真剣に批評してきたのですから、いいかげんに君を誉めたりはしません。〈……〉

一九五五年五月十六日

[……]今はジェヴィエツキ先生に対する見方も正しいですね。「人となり」は別の問題で、教え方には関係ありません。誰に対しても厳しく求め過ぎてはならないのです。引き続き先生に教わることができるなら、私は賛成ですから、決して虻蜂取らずにならないようにしてください。博学な先生の指導を受けるのは、自分で模索するよりよいものです。たとえ見解にいくらか相違があったとしても。ただ君はまだ若いし、触れたことのある music literature〔音楽関係の文献・楽譜〕には限りがあって、楽理と曲体の知識もゼロに等しいでしょう。だからもっと謙虚に、年長の、しかもscholarship〔学識〕の高い人の意見を聞くことが必要なのです。

もう一つ、いつも覚えておかなければならないことがあります。君の音楽に対する理解は、九割方は美的な直感によっています。君の天賦の才能と民族的伝統に頼った、この直感は大体正しいのですが、結局それが西洋のものであるために、直感のほか理論やロジック、歴史的発展の知識で補うことが必要なのです。たとえ君の直感であっても、やはり学識から実証を加えなければならないし、その方が自分でも安心できるでしょう。だから好みから言えば相容れない説でも、保留の態度を取って、よく考え、しばらく見きわめ、それから断定しなければなりません。これは音楽に対してだけでなく、あらゆる学問に対して必要な態度です。いわゆる冷静さや、客観的であること、謙虚さというものは、この実際的な態度を指しています。

手紙では、勉強の時は主にmind〔頭脳〕とear〔聴力〕と感覚に頼るので、先生の助けには限界があると言っていましたね。これは君の理解力が強いからなので、普通ピアノを弾く人は、六、七割以上は先生に頼っています。この点、ポーランドの同級生を見ればよくわかるでしょう。しかし才能のある人にはまた別の危険があります。つまりひとりよがりで出口のない袋小路に迷い込んでしまうことです。だから才気があればあるほど用心しなければならないし、solid〔しっかりした〕学識で補い、冷静かつ客観的な批評精神で常に自分をチェックしなければなりません。ちゃんとこういうことができ、しかも一生やり続けていくことで、真の芸術家になれるのです。

芸術や、学問の話になるときりがありません。あまりたくさん書き過ぎて、かみしめる暇がなくなってしまったら困りますが。〈……〉

中国知識人の春

一九五五年十二月〜

傅聡の父親として、またすぐれた翻訳家・評論家として、傅雷は社会的に注目を集めるようになる。折しも共産党が知識人重視の政策を打ち出し、傅雷も祖国建設に積極的に関わろうとしていた。一九五六年夏には傅聡が一時帰国し、家族は二年ぶりに一堂に会した。

一九五五年十二月二十一日朝

愛する息子よ。今年の夏は体の調子が悪く仕事を休んだので、その間に多くの理論書を読みました。今回君のために理論書を買うにあたって、私もたくさん買い、数日続けて三つの小冊子を読みました。弁証法的唯物主義の基本的知識について、それから批判と自己批判がソビエト社会の発展の原動力であることについて、そして社会主義の基本的経済法則についてです。感想がたくさんあるので、自由に話してみましょう。

まず最も重要な感想から。理論と実践は絶対不可分のもので、学習は必ず現実生活と結びつかなければなりません。マルクス・レーニン主義は抽象的な哲学ではなく、きわめて現実的かつ具体的な哲学です。それは社会革命の指導的理論であるだけでなく、人生哲学の基本でもあります。解放後六年たって、社会にはもちろん大きな進歩がありましたが、まだ多くの欠点が残っています。特に各級の幹部の仕事においてです。いつもこういう印象を持っているのですが、一般の人が政治学習をする時、完全に学習のための学習になってしまい、生活のための学習にも、実際の闘争に対処するための学習にもなっていません。だから理論について話し始めれば全て筋道が通っていて、唯物主義がどうの、弁証法がどうの、批判と自己批判がどうのこうのと、長広舌をふるいます。それがひとたび現実の問題にぶつかり、事務机の前に座るか、あるいは工場や農村に赴くことになると、全ての理論をきれいさっぱり忘れてしまうのです。学校でも同じです。大学で勉強している人が教えてくれましたが、彼らの政治討論はとても熱気があり、一部の学生は問題提起が非常にうまいし、優れた結論を出すことができるとか。しかし彼らは同級生や先生たちや、学校の指導者に対するとなると、やはりあれこれ気にかけていて、世故にたけ、自分自身の利益で頭が一杯だそうです。このような学習態度は、マルクス・レーニン主義に全く反していると私は思います。なぜ最も実際的な科学——唯物弁証法を、ただのお題目や口ぐせにしてしまうのでしょうか？　なぜ華々しく唱えた理屈を自分の身にあてはめ、行動や態度に一貫させないのでしょうか？

そこで私の第二の感想と、あとにいくつも書くことは、全てマルクス・レーニン主義を個人の修養と結びつけようとするものです。まずマルクス主義の世界観によって、私たちはごく強い、不撓不屈の積極性と楽天的な精神を持たなければなりません。例えば「存在が意識を決定するが、意識はあってもなくてもよいものだというわけではない。逆に、一定の思想意識は、客観的事物の発展に大きな作用を及ぼす」。言い替えれば、「主観的能動性の作用」のことです。この言葉は私たちがあらゆる事柄に自信を持つよう促してくれますし、中国人が言う「人の力は必ず自然に打ち勝つことができる」と同じ意味です。客観的な自然の法則や、社会的な発展の法則が、どちらも人の意識の影響を受ける以上、なぜ私たちがっかりしたり、弱気になったりしていられるでしょうか。一切において「事の成否は人の努力にかかっている」のではありませんか？　人が自分の欠点に気付き、分析してみると、遺伝的な本性や、かつての旧社会が残した悪い影響、そして心の底に潜む資産階級の意識や、階級の本能などに帰納することができます。しかしだからといって自分をそのまま放任していいのでしょうか。もしそうなら、その人は機械的唯物論者か、ただ堕落に甘んじる役立たずの人間です。

　第三の感想も人の積極性を強めることについてです。あらゆる事物の発展は、自然現象も含め、すべて内在の矛盾によるもので、古く腐ったものと新しく健全なものとの闘争から生まれます。この理論は私たちが多くの不要な悩みから逃れるのを助けてくれるでしょう。特に過去にこだわる悩み、昔の過ちを後悔する悩みから。陶淵明は言いました。「今の私が正しく、今までは誤っていたことがわかった」〔「帰去来辞」の一句〕。また古い言葉にはこうあります。「過去のさまざまなことは昨日死んだようであり、現在のさまざまなことは今日生まれたようだ」。人の私的な事柄や感情の揺れ動きについて言えば、どちらも似通った教訓です。一切のものごとは変わりつつあり、変わらないことは停滞であって、停滞は死を意味します。それならばなぜいつも過去にこだわり、自分を傷つけてやまず、目の前のすばらしい日々を駄目にしてしまうのでしょうか？　この世が絶え間なく変化していることを理解すれば、人生も絶えず変化していることがわかるはずですし、生活は前向きであるべきこと、後ろを向いてはならないことがわかるはずです。こう考えれば、君の心の中はすっきりするのではありませんか？　思想が明るくなりませんか？　態度が積極的になりませんか？

第四の感想は、単純な楽観には害があり、ひたすら前を見ているだけではやはり危険だということです。昔の人が「過去の経験によって今後の趨勢を知れ」と言ったのは、つまり過去を検証せよということで、今後の生活をよりよくするためなのです。そうでなければなぜ小さなまとめをしたり、大きなまとめをしたり、繰り返し点検しなければならないのでしょうか？　もし過去を検証する必要がなく、今後過去の過ちを再び犯すこともないなら、「我々の理性的認識は、実践を通じて点検し発展させる」という原則に、何の意味があるでしょう。理論を実践の中で証明し、点検し、さらにその実践を理性的認識にまで引き上げて理論と照らし合わせる。これでこそ過去の分析が必要になるのではありませんか？　前の二通の手紙で、昔の過ちを冷静に、客観的に吟味し、いくつかの原則を導き出さなければならないと言ったのは、これと同じ道理です。

第五の感想は「感性的認識から理性的認識へ」という原理で、君もこの数年の音楽の勉強ですでにわかっているでしょう。一九五一年から一九五三年の間、君が一人で模索していた頃、音楽に対する理解はほとんどが感性的認識で、あとになって、ジェヴィエツキ先生の指導を受けるようになってから、初めて一歩一歩理性的認識の道を歩み始めたのです。ルーマニアへ行く前の悩みと自信のなさは、感性に頼って楽曲を理解するだけでは十分でなく、深く理解もできないことを自分でもわかっていたからでしょう。とはいえあの時は教えてくれる人もなく、どうすれば理性的認識に至るのかわからなかったので、苦悩していたのです。思い出してごらんなさい、私の分析は事実と合っているでしょうか？　理性的認識とは「人の頭脳を通して分析し、総合し、対比するなどの方法を運用して、観察した（もう一つ付け加えれば、感じ取った）現象を研究し、事物の見せかけの現象を捨て去り、本質的でないさまざまな現象の中から事物の本質を抽出すること。そこから探り出した事物の原因と結果が、すなわち事物の発展の法則である」。もしいろいろなところで応用できれば、学術研究の大きな助けとなるだけでなく、世間的な身の処し方のためにも、一生役に立つことでしょう。なぜならこれは科学的な方法だからです。学問や芸術をするのに科学的方法を採るだけでなく、人としてのあり方にも科学的方法が必要だと、私はこれまで説いてきました。このようなわけで、私は科学的な弁証法的唯物論を実際の生活に応用することを主張するのです。毛主席は『実践論』の中でこう言っています。「われわれの実践はつぎのことを証明している。感覚されたものはすぐには理解できず、理解したものだけがより深く感覚されるということである」。君は音楽をする人ですから、もちろんこの言葉が身にしみて理解できるでしょう。

第六の感想ですが、弁証法的唯物論における多くの原則は、君も実際と結びつけて考えれば特にわかりやすいでしょう。この数年君は音楽の面で頭をよく使ってきましたし、どんな学問でも頭脳を使って思索する人は、弁証法的唯物論の原則を実際問題と結びつけるのがとりわけ容易です。例えば「事物の相互関係と相互制限」、「原因と結果は時に互いに転化し、互いに作用を及ぼす」。これで君の人間関係を観察すれば、あるいは勉強や仕事について考え、恋愛問題を分析し、生活全般を点検すれば、いつでもどこでも鮮明で生きた証拠を得ることができるでしょう。中でも「量的変化から質的変化へ」という点は、君の音楽の技術と理解力との関係によく当てはまります。君はいつも技巧が足りない、心で感じた音楽を表現することができないと嘆いていますが、今追求している技巧がひとたび得られれば、音楽に対する理解はきっとそれにしたがって変化を起こし、もっと新しく、高い技術を求めるようになります。身近なところで言えば、例えばショパンのエチュードまたはスケルツォの速いパッセージを練習するのに、いつも速度が足りないとこぼしていますね。しかし速度が十分になったら、君の音楽表現は今追い求めているものとはきっと違ってきます。もしこの推測に間違いなければ、量的変化が質的変化をもたらすという道理に説明がつくでしょう。

以上に述べたことは、他人から見れば、マルクス主義を俗っぽく考え過ぎだと思われるかもしれません。が、私は俗っぽいとは思いませんし、それを真の意味で現実生活に結びつけたつもりです。人は若い時、学生の時などに、マルクス主義を「自ら実践」して大小の事柄に実際に運用しておかなければ、ひとたび社会に出た時、どんな小さなことにぶつかっても、マルクス主義を運用することはほんのちょっともできません。弁証法というもの、正確な世界観というものは、どこでもすんなりと用いることができ、思想の習慣にしてこそ、真にマルクス主義の訓練を受けたと言えるのです。でなければ私は私、主義は主義、方法は方法で、いつまでたっても一つにはならないし、一生涯学習したとしても無駄です。この観点から見れば、マルクス・レーニン主義は決して味気ないものではないし、逆に生き生きと、活力に満ち、おもしろみがあって、いつも私たちが大小の問題を解決する助けとなるでしょう——身辺の細かい事から学問まで、日常生活から国家の大事を分析するまで、それが使えないところはありません。批判と自己批判については、前の二通ですでにたくさん話したので、やめておきましょう。ただこの二点だけは覚えておいてください。自分の醜さを直視することを恐れぬ勇気を持つこと、そして冷静な科学者の頭脳を持ち実験室で実験する態度で臨むことです。この二つの気持ちを持ってこそ、つまらない自尊心にまどわされて卑怯にならずに済みますし、過去の過ちにがっかりし過ぎたり、昔の非を改める勇気を失ったりせずに済みます。さらには過去の過ちの原因がわからず将来また同じ轍を踏んだりすることもありません。子路〔孔子の弟子〕が「過ちを聞いて喜んだ〔過ちを指摘され素直に受け入れた〕」という話や、曽子の「日に三度我が身を省みる」などは、自己批判や、批判を受け入れることについて述べた最もよい格言です。〈……〉

一九五五年十二月二十七日昼

〈……〉この数日は君のレコードのことで興奮させられたほかに、いろいろな事で忙しかったです。来年は「高級知識分子を改造し新たに配属する」ための「重点」年なので、各方面の指導者はみな「重点」的人物との話し合いを進めています。昨晩周而復と呉強の両氏〔いずれも作家で当時中国共産党上海市委員会文芸工作委員会の責任者を務めた〕が訪れることになっていたので、私は前もって数日考え、昨日七時間かけて九千字〔日本語にして四百字詰原稿用紙四十枚相当〕の意見書を書きました。会って話しただけでなく、書面も渡しました。話では、五か年計画と農業合作化、工商業改革に合わせて、高級知識分子の潜在力を大々的に引き出し、各方面——生活面や職場の環境などにおいて、問題を解決し待遇を向上させることを国が決定したそうです。周、呉の両氏はまた私に、引っ越しをしたくないか、生活に何か困難はないか尋ねました。私は国内では最も恵まれた暮らしをしているし、ほかに何の希望があるでしょうか！　住む所だって差し当たり問題はありません。私が提出した意見は三つの大きなテーマに分かれています。一、高級知識分子の問題について。二、音楽界について。三、国画界について。〈……〉

一九五六年二月二十九日夜

愛する息子よ。昨日君の手紙を整理していて、また考えるところがありました。人はモーツァルトについて、例えば無邪気で、愛らしく、すがすがしいなどと言い、皆よく理解しているように思われます。しかし実際弾く段になると、無邪気で、愛らしく、すがすがしい味わいなどまるでありません。これは「理性的認識」と「感情による掘り下げ」の違いでしょう。感性的認識は、もとより初歩的な印象であって、大ざっぱな認識に過ぎません。理性的認識はさらに深く、本質まで至ります。しかし芸術の理解はここで終わりにすることはできません。さらに深く入り込んで、理性が認識したものを心で体得することによって、初めて作者の喜怒哀楽を自分のものにすることができ、作者の神経一本一本の震えを自分の神経に響かせることができるのです。そうでなければ、たとえ山ほどの理屈を並べても、今一つ隔たりがあるでしょう。普通の芸術家が intellectual〔知性〕や cold〔冷静〕に偏っているのは、理性的認識の段階に留まっているからです。

例えば君自身、かつてはモーツァルトの特徴がわからず、本当に共鳴してはいませんでした。深く感じられなければ、もちろん心から愛することはできません。心から愛することができなければ、弾いても味わいが足りないし、味わいが足りなければ、おもしろくもなくなります。このような悪循環では、当然作曲家に対して深く入り込むことはできません。

今度は違いました。君は確かにモーツァルトに共鳴し、君の脈拍が彼の脈拍と一致して、君の胸のときめきが彼と同じリズムを奏でていました。君は彼とともに生き、彼は君の中にありました。自分と彼の共通点を見つけ、しっかりつかむことができたので、こんなに彼を好きになり、理解することができたのです。

したがって一つの結論が出ます。芸術は感性的認識だけでは足りず、理性的認識だけでもだめで、第三の段階である感情による掘り下げに進まなければなりません。言い替えれば、芸術家に最も必要なのは、理性のほかにもう一つ、「愛」なのです！　いわゆる赤子《せきし》の心とは、純粋でくもりのない、すがすがしさを指すだけでなく、愛をも指すのです！フランス語で「偉大な心」という言葉は、「愛」を意味します。この「偉大な心」という言葉は、本当に重要な意味を持っています。この愛は決して俗っぽい、女々しい感情ではありません。熱烈で、誠実で、純真で、高尚で、火のように激しい、忘我の愛なのです。

この理論から考えれば、多くの人が上手く弾けないでいる理由がはっきりするでしょう。理性だけで感情がなければ、もとより音楽を表現することはできません。その感情がごく普通のもので、燃えるような、そして高尚で純化された感情でないなら、やはり俗に流れてしまいます。いわゆるsentimental〔感傷〕は、この俗っぽい感情を指していると私は思います。

偉大な芸術家と呼ばれる人々（作曲家、作家、画家……）は、だからこそ独特な個性と普遍的な人間性を兼ね備えているのです。私たちは自分の心から人間性を掘り起こすことによってのみ、芸術家と通じ合うすべを見つけることができます。そして注意深く頭を働かせれば、その芸術家独自の個性も味わうことができるでしょう。こうして一つの芸術作品を全体として理解できたことになります。もちろん作者に対する理解と自分の感覚が完全に一致するわけではありません。理解の程度、深さ、広さには人によって大きな違いがありますし、私たち自身の個性もそのはざまでかなりの影響を及ぼすからです。

芸術に携わる人のほとんどは、誠実さを欠いています。誠実さが足りないから、口先ばかりではったりをきかせ、外見を取り繕って実際は人の受け売りをし、自分で感じたことなど何もないのです。だから彼らは作者を深く理解することができないし、それ以前に自分をよく分析したことすらありません。こういうことは、クリストフも（第二巻で）言っていたでしょう。

誠実さは芸術の要です。「これを知るをこれを知るとなし、知らざるを知らざるとなす〔『論語』の言葉〕」。正直に「わからない」と言うのは、「わかる」と嘘をつくよりましです。最も憎むべきなのは自分が正しいと思いこみ、自分を基準に人を判断することです。誠実さがあれば謙虚になることができ、謙虚さがあれば自らを捨てて他人を理解することができ、つまらない自尊心を取り去って自分を理解することができます。自分を理解し、他人を理解した上に成り立つ愛こそ、盲目的な愛にならずに済みます。

誠実さとは長い時間をかけて小さい頃から養うものです。社会で、家庭で、あまりに多くの失敗を重ねると、誠実でいることが難しくなります。誠実さは大きな勇気を後ろ盾にしなければならないからです。だから芸術家になるには、まず人としてのあり方を学ばなければなりません。芸術家はどんな人より誠実で、繊細で、謙虚で、勇敢で、我慢強くなければなりません。つまり、どんな人より less imperfect〔より完璧〕でなければならないのです！

世界にはどこでも同じ現象があるようですが、音楽家（演奏家）はたいてい限られた作曲家の作品だけを演奏します。しかしこういう人は演奏家とは言えても、芸術家と呼ぶことはできません。彼らは器量が大きくないので、広大な芸術の天地を受け入れることができず、無限に変化する形と色を受け止めることができないからです。もしも一生自分の心の畑を耕し続けることができれば、どんな芸術作品も無理なく理解できるはずですが。

〈……〉

一九五六年十月三日朝

愛する息子よ。君は私の所に戻って来て、また行ってしまいました〔この年夏傅聡は一時帰国した〕。山のような新しい仕事が、忙しい毎日が、目まぐるしい変化が、君を待っています。きっと寂しいと思う暇もないでしょう。けれども私たちの方はすっかり静かになって、だんだんと単調な生活が戻ってきました。過ぎた日の楽しい団欒と慌ただしさに比べれば、空虚なものを感じずにはいられません——昨日も一日中ぼんやりしていました。息子よ、君は日ごとに進歩し、成長しています。この二年で、人生と芸術に対する理解がぐっと深まりました。それで私はますます君を愛するようになったのです。私たちの血を分けた者として愛するだけでなく、君がこんなにも輝く才能を持っているから愛するのです。私はあらゆる才能を、あらゆる芸術品を愛するがゆえに、君を世の才能の一つとして（骨肉の関係を離れて）、一つの貴重な芸術品として愛します。どうか自分を大切に、私たちの貴重な芸術品を大切にしてください！　重大な出来事があったら、私たちの——君自身も含めた——芸術に対する愛を思い出してください。これは、いつでも自分を立派なものと思うべきだという意味ではありません。客観的に自分を重視すべきだということです。君の将来は、中国音楽の未来に大きな関わりを持っています。君の一歩一歩が、目に見えない形で民族の芸術の発展に影響を与えるのです。だから用心深く、慎重に物事に当たらなくてはなりません。いつでもどこでも、その場の感情を抑え、より大きな感情——芸術や祖国に対する感情のために捧げる覚悟をしなくてはなりません。曲を理解するために使っている理性を、あらゆることに普遍的に応用できるよう、特に個人的な感情に用いることができるよう願っています。私の庭師としての仕事はもう大半が終わりました。あとは君自身の仕事です。父さんはすでに人生の秋を迎えました。いろいろな部分で次第に君たち若い人に遅れを取ることになるでしょう。助けてやれることも少なくなっていきます。だから、これからは自分の努力で、自分を戒めつつ、自分を励ましていきなさい。技巧は理論と実践が結びつかなければならない、と言っていましたね。この言葉を人生を歩む上で生かせるように願っています。そうすれば君という花はもっと美しく、豊かに開き、力強くいつまでも咲き続けるでしょう！

一か月余りにわたって話したことは、ほんのプロローグに過ぎません。君とは永遠に話が尽きることはないでしょう。人が自分への語りかけを死ぬまで続けるように。私たち二人の思想と感情は、正しく私自身の思想と感情ではないでしょうか？　これははっきりしているのですが、君と交わした議論や討論は、いつも自分自身としているものにほかなりません。父と子がこのような間柄になれるということは、人生のこの上ない幸福です。まわりのせいで休みらしい休みを過ごさせてやることができなかっただけでなく、私まで君にいくつかつまらない思いをさせてしまい、帰る前に抱いていたであろう、家庭に対する期待をぶちこわしてしまいました。心の中でずっとすまないと思い続けています。願わくは、私が今回与えられた教訓（君と過ごすうちに浮き彫りになった私の欠点）を今後に生かして、引き続き自分を改造していけますように。人生はこんなにも無情ですが、私たち自身がやはりできるだけ自分を良く変えていくべきだし、人にいやな思いをさせず、より多くの楽しみを与えるようにしなければなりません。いろいろ書きましたが、「天下の人我に背くとも、我天下の人に背くことなかれ」と願う気持ちに変わりはありません。きっと君もそうでしょう。

一九五六年十月六日昼

愛する息子よ。昨日また電話で話せるとは思っていませんでした。はるばるかかってきた電話で、事務的なことばかりでしたが、思いも伝わってきました！　残念ながらいくらも話さないうちに切れてしまい、大切なことを言い忘れた気がしてなりませんでした。家に帰って一か月余り話してもまだ足りないのだから、たった三分ではね！

君が行ったあと、まだエピローグがありました。四日の午前に音楽家協会から電話があり、ブルガリアの音楽家——音楽院で歌を教えている人ですが、君の演奏会を聴き、一文を書いて国に送りたいので、資料がほしいということでした。それで午後一杯かかってユーゴスラビアとパリで出た批評を写し、さらにフランス語で君の簡単な経歴を書きました。昨日は丸一日、そして前の晩も加えて、七千字余り〔日本語にして四百字詰原稿用紙三十枚相当〕の文を書きました。題名は「傅聡と音楽を語る」。大きく三つに分かれ、（一）技巧を語る、（二）学業を語る、（三）表現について語る、となっています。『文匯報《ぶんわいほう》』〔上海の代表的な日刊紙〕に提出しました。前の二つは短めで、それぞれ二千字くらい、最後が一番長くて三千字余りです。内容は君と話したのといくらかずれがあるかもしれないので、前もって「記憶違いがあるかもしれない」と断り書きをつけました。文章は問答体にしました。君が今回話したことを、自分で記録に残しておきたかったからです。発表されたら音楽を学ぶ学生や音楽ファンのためになるでしょう。新聞が出たら切り抜いてワルシャワに送ります。

政治の嵐に翻弄される親子　一九五七年三月〜

祖国建設の理想に燃え、率直な発言を繰り返した傅雷は、政治状況の変化にともない一転して批判される側となる。政治学習のため一時帰国した傅聰は、家族を取り巻く厳しい現実を知ることになった。翌年ポーランドでの学業を終えた時、傅聰は大きな決断を迫られる。

一九五七年三月十七日夜十一時　北京にて

愛する息子よ。三月二日に電話があり、上海市共産党委員会が私を中共中央全国宣伝工作会議に参加させるとのこと。四日に出発し、五日の晩北京に着きました。六日の午前、懐仁堂〔中国共産党中央委員会と国務院の所在地、中南海の内部にある建物で、しばしば重要な会議が開かれた〕で毛主席の報告の録音を聞き、午後に小会議がありました。それから二日かけて地方会議を開き、さらに専門グループ会議があって、私は文学グループに参加しました。毎日討論し、発言し、十一日は一日かけて大会がありました。十二日は午後に大会があり、五時から毛主席が自ら演説して六時五十分に終わりました。十三日午後は陸定一同志〔当時中国共産党中央宣伝部長。「百花斉放・百家争鳴（自由に作品を発表し、自由に発言することのたとえ）」政策の責任者〕が総括をし、会議の閉幕を宣言しました。今回の会議は党内の会議ですが、外部の人間も参加したのは前代未聞です。毛主席は毎日専門グループの代表を順に呼んで話をし、毎晩小会議の議長を呼んで報告させましたから、ことの重要性がわかるというものです。「百家争鳴」が広がらず、教条主義が頑固に抵抗するので、主席は最高国務会議で演説し、すぐに中央宣伝部が全国の省・市党委員会（宣伝・文教担当）の指導者を招集し、また党内外の高等教育・科学・文芸・マスコミ・出版界の代表を北京に呼んで全国宣伝工作会議を開いたのです〔毛沢東は知識人の幅広い政治参画を求めて、一九五六年五月に「百花斉放・百家争鳴」のスローガンを打ち出した。当初人々が警戒して口を開かなかったため「全国宣伝工作会議」を開き、傅雷のような党外人士に対しても自由な発言を要請した。しかしその結果、共産党に対する批判が続出したため、急激に方針を変え「反右派闘争」が展開されることになる〕。上海からは合計四十五人（全国合計三百六十人）が来て、北京（すなわち中央）は三、四百人、合わせて七百人余りが集まりました。上海の代表では、文芸界が最も多く、美術と音楽はそれぞれ一人ずつでした。高等教育界からも多くの人が来ました。私たち党外人士はみな言いたいことを言い、はばかることもなかったのですが、党内の人はまだ臆病でした。みな大きな収穫がありましたが、詳しくは次の手紙で知らせるつもりです。

一九五七年三月十八日深夜　北京にて

〈……〉毛主席の演説は、口振りといい、声の調子といい、とても平易で親しみやすく、ユーモアにあふれていました。しかも説教めいてはいなくて、話す速さもちょうどよく、適当なpause〔間〕もあり、文字では伝えようがありません。主席のマルクス主義は最高の水準に達し、いつでも取り出せる奥義となっており、引用の仕方もとても自然で、おのずと聴衆の心に染み入ります。演説の論理もさりげなく包まれており、正に芸術の名手です。上海の文芸界はこの半年苦悩していました。地方指導者はがっちり引き締めて、組織の欠点を批判すればすぐ大衆を扇動するかのように見られました。新聞は次第に「肯定」

を強調するようになり、「業績が重要だ、欠点は二の次だ」などと言い立てました（これは間違いではありませんが、いつも言っていると八股《はっこ》〔科挙試験で使う決まった文体〕になってしまいます）。毛主席はこの雰囲気をすでにかぎ取っていたのでしょう。だから一月十八日から二十七日まで、全国省・市党委員会書記会議で百家争鳴の問題を取り上げたのです。二月末の最高国務会議ではより明確に打ち出し、今回三月十二日に私たちに演説したように、さらに具体的になりました。主席の考えがだんだん深く発展したことがわかります。たびたびこうも言われました。人民内部の矛盾をいかに処理するかは党にとって新たな問題だ、党外人士と共に研究しなければならない。党内外が一緒に話をするのは利点がある、今後三年から五年の間は毎年一回開こう、と。主席はまた、各省・市の党委員会も党外人士を招いて共に党内の事を計らなければならないと言いました。主席の胸襟は広く、思想は自由で、私たち古い知識人と変わりがありません。そして柔軟に弁証法を運用するのですから、国家の大事をちゃんと把握できるわけです。毛主席こそ真の意味で古今東西の哲理に通じた人です。

　私の感じでは、百花斉放・百家争鳴は確かに数十年かかる教育事業であり、私たちは忍耐強く待たなければならないし、友好的に闘わなくてはなりません。自分も絶えず進歩しなければならない――いわゆる自己改造です。教条主義や官僚主義には、以下の原因があると思います。一つは階級闘争があまりに激しく、古い幹部は数十年にわたる残酷な内戦と革命を経て、今日もはや中年以上の年齢になりました。生理的には衰えの段階にあり、多くの人が病気を抱え、元気もなく、知を求め学習する意欲が不足しています。第二は、階級闘争の時は敵が目の前におり、闘争について積極的に学ばなければ命を落とすことになるので、個人と全体の安全利害は密接な関係にありました。革命が成功したあと、敵は遠くなり、アメリカ帝国主義や原子爆弾などは、抽象的な脅威なので、社会主義建設の方法を積極的に学習しようとはしなくなりました。第三、革命が成功したことは古い幹部に自己満足の気分をもたらしました。労を多とし功を誇り、新しい物事に頭を低くして学ぶことをいやがるのです。第四、社会の発展は速く、すぐに決定しなければならない事柄が毎日あります。よく学習していないだけでなく、簡単に済ませることばかり考え、教条主義や官僚主義で解決しようとするのです。この四点が官僚的、主観的、教条的になる重要な要素です。そうでなければ、毛主席は「我々は階級闘争をするにあたって、まずよく学んでからではなく、学びながら闘争してきたのである」と言いましたが、それならなぜ、社会主義を建設するにあたって学びながら建設することができないのでしょうか？　反対に、私はこの目で見たことがありますが、ある中級幹部は解放軍から復員してきて園芸工作にたずさわり、四年の努力で優れた専門家になりました。佛子嶺ダム〔安徽省西部の山岳地帯に建設〕の総監督も復員軍人の出身ですが、エンジニアたちがそれぞれ意見を譲らない時、彼はマルクス・レーニン主義と自分が専門に学んだことにしたがって結論を下したので、いつもとても正確でした。年が若く精力旺盛であれば、また自信と気力を保ち、命がけで技術を学べば、専門外の人が専門家になることもそれほど難しくないのです。党内にこのような人がもっと多ければ、官僚主義なども自然に減ることでしょう。

毛主席の話と今度の会議から私は大きな啓発を受けました。また今度話しましょう。

馬先生によると君は近頃少し落ち込んでいるそうですね。これまで書いた話を読めば少しよくなるかもしれません。私たちが大変動の時代にいることを、我が国がそうであればほかの国もそうであることを決して忘れないように。毛主席は一人しかおらず、ほかの国にはいないので、曲がりくねった道をたくさん歩かなければならないし、知識人の苦しみも多いでしょう。これは必然であり、怪しむに足りません。ソ連の失敗した経験のおかげで、私たちはだいぶ余計なエネルギーを使わずに済みました。中央ヨーロッパ各国も将来は私たちのやり方に学び、次第に好転するでしょう〔フルシチョフのスターリン批判によって東欧各国に動揺が生じ、共産党支配に対する不満が噴出してポーランドでも暴動が起きた〕。留学中はその国の良いところを学ぶことに集中しなさい。その国の情勢について心配し過ぎたり、そのせいで自分が意気消沈したりしないように。いつも感じることですが、真に積極的で、情熱を持ち、社会主義事業に力を尽くそうとする人はあまりに少ないのです。それでも私は彼らに気合いを入れ、自分もがんばって闘うつもりです。北京に来て私は楼おじさん〔楼適夷。作家・翻訳家で、当時人民文学出版社副社長兼編集局長を務めた〕や龐おじさん〔龐薫琹。画家・工芸美術家で傅雷のフランス留学時代からの友人。中央工芸美術学院副院長などを務めた〕、馬先生を励ましました。

自分がまずしっかりと鍛えて初めて、環境の中の消極的な要素に押しつぶされずに済みます。そして余った精力で友人たちに「がんばれ、がんばれ！」と叫ぶことができるのです。君の目下の学習環境はとても理想的なのだから、できるかぎり研鑽に努めなさい。外の低気圧に構う必要はありません。君はポーランドの友人だし、ポーランドの息子ですが、徒手空拳で彼らの建設事業を手伝うことはできません。ポーランドに報いる唯一の道は、よく勉強することです。ポーランドの先生のすぐれた技量や、ポーランドの音楽界が君にくれた励ましと啓発を祖国に持ち帰り、中国でポーランドに対する真の友好の種をまくことです。そちらの知識人が迷っていても、君が迷う必要はありません。偉大な毛主席は遠くから万丈の光芒を投げかけ、君の前途を照らしています。主席の期待に背かないようがんばりなさい。

馬先生や龐おじさんとよく相談してみました。もしもソ連に行って勉強するなら、文化界の雰囲気はより健全で君にとっていいかもしれない。しかし教条主義のきらいもあるので、なじめるとは限りません。しばらく経ったら音を上げるかもしれない。ソ連の音楽界はどちらかと言えばcold〔冷静〕型ですから、君を理解し、自由に伸ばしてくれる先生にいつ出会えるかもわかりません。馬先生はソ連の学派もその教え方も、君にはあまり合わないと考えています。私もこの点では同感です。最後に、ソ連に行くことは言葉の面でも一から出直しで、時間がもったいないでしょう。周揚先生は、私がジェヴィエツキ先生の学識について語るとこう言いました。「もう何年か勉強したいのだったらそうすればいいじゃないですか」。（数か月前、夏大臣〔夏衍。劇作家で、当時文化部副部長を務めた〕から手紙があり、ポーランドの動揺した環境を避けるため、君を早めに帰国させたいとのことでした。その考えは今はまた変わりました。）覚えているでしょう、勝利の前の年〔一九四四年〕、私は上海で十二、三人の友人を集めて（その中には宋おじさん、姜椿芳〔翻訳家。建国前の上海で共産党の文芸工作に従事。『時代日報』の編集長などを務めた〕、二人の裘おじさんなどがいました）、隔週で会を開きました。誰かがごく短い学術的なスピーチをし、お茶を飲みながら時局を語り、情報交換をしました。あの頃が最もつらい時期でしたが、私たちは意気消沈することなく、一部の友人を集めて自分たちで健全な小天地を作り、しばらく身を潜めていたのです。君の今の状況は、私の頃とはだいぶ違うのですから、気を落とす必要は全くありません。私の性格の強靭なところを、君は学んでもいいでしょう。私のもろいところは生活の細かな部分にあるので、大きな問題の上では表れません。気をしっかりと持ち、昔の巨匠たちの苦しい闘いを思いなさい。クリストフのような人間や、モーツァルトやベートーヴェンのことを考えてごらんなさい。背筋をしゃんと伸ばして、みだりに環境の影響を受けないように！　よその家のゴミをじろじろ眺める必要がありますか？　まして ゴミのために心を煩わすことはありません。お客に呼ばれたらその家の美しい部分に気を留めるべきです。飢えたミツバチのように、せいぜい花の蜜を吸い、自分自身の甘い蜜を作り出すべきです。君はpiano〔ピアノ〕を学ぶだけでなく、理論も、言葉も学ばなければなりません。一日中芸術と学問にひたって、どんなに時間があっても足りないのだから、隣の家のことを考える暇があるでしょうか。

愛する息子よ、私の言うことを聞いてください。父さんはいつも真心から、こちらでは周りの友人を励まし、あちらでは余計なことに首を突っ込んで、社会主義事業のために微力を尽くそうとしています。また本業に精を出し、自分が少しでも進歩することを願っています。もちろん息子のために庭師となり、護衛となろうともしています。これは私の責任であり、楽しみでもあります。よく休んで、たくさん食べ、ぐっすり眠り、ピアノを練習する時は感情を出し過ぎないようにし（鋼でできた人間などいないのですから！）、生活を規則正しくすれば体も強くなり、精神も充実してあらゆることに楽観的になれます。万一スランプがやってきたら、父さんがひょろ長い手で遠くから君を支えていると思ってください。それからこんなにしっかりした党と政府と毛主席がいて、刻々と偉大な事業を行い、偉大な発言を行い、目に見えない形ではあるけれど確かに君の前進を励ましているのだと考えてください！　心身をバランスよく、理性と感情の平衡を保って、肉欲を抑え、感情を抑え、思想をコントロールすることは、君のような若者にとって利点があるでしょう。修業とは全てにわたるものであり、全面的に行うのです。音楽だけにとどまらず、特に人としてのあり方も――狭い意味ではなく、世界や政局に対する見方や態度も含めて――学ぶのです。二十世紀の人で、しかも社会主義国家に生まれたなら、より冷静な理性が必要です。鉄のような理性で感情をコントロールしてこそ健康的でいられ、芸術に対して真の貢献ができるのです。息子よ、どんなに言葉を尽くしても語り尽くせないけれど、全てわかってくれると信じています。問題はただ実践にかかっているのです！　腰が痛み目がかすんでもう書けなくなりました。君を祝福し、愛しています。もっと強く、永遠に強い人間に、慈悲の心を持つ強い人間になってください！

一九五七年十二月二十三日（母より）

愛する聡。ポーランドに帰ったあと、一度しか手紙が来ないので、心配でなりません〔傅聡はこの年秋、政治学習のため一時帰国したが、自宅に滞在したのはわずか三日だった〕。体の具合はどうなの？　勉強は進んでいますか？　気持ちは落ち着いた？　いつもあなたの夢を見ます。また帰って来た夢まで見ました。

〔……〕

作家協会が開いたお父さんの批判大会は、合わせて十回になりました。そして前後三回の自己批判。最後の一回は進歩を認められましたが、これで終わりになるのかまだわかりません〔一九五七年夏から始まった「反右派闘争」では、「百花斉放・百家争鳴」政策のもと共産党批判を口にした多くの人々が迫害された。傅雷も五八年春に「右派分子」と断罪されることになる〕。お父さんは今回の試練を通して、いくらかは得るところがあったでしょう。ただ人々の意見が厳し過ぎたり、事実と合わなかったことは耐えられなくて、神経が張り詰め、げっそり痩せて、いつも眠れず七ポンド〔約三kg〕も体重が減りました。仕事がストップしてしまったことがお父さんにとって一番つらいのです。心が休まりませんから。このところマルクス・レーニン主義の本を読んで、思想の問題を解決するのにとても役立ったようです。五か月のあいだ、お父さんの苦しみをそばで見ていて、私も心配で四ポンド〔約一・八kg〕痩せました。お父さんはこう言いました。今まで自分はいつも他人の良い部分を見てきた。特に実力のある友人に対してはそうするよう努めていた。でも五十歳になって初めて、人を見きわめることがそんなに簡単ではないことがわかった。昔からの友人が、自分の利害のためなら友を裏切り、でたらめな意見を述べ、あげくのはてはデマをとばす。その上恩を仇で返すようなことを……。幸いお父さんは良心に恥じるようなことは何もないし、いつも事実に基づいて真理を追求してきたのです。でも批判大会で人間の本質を見てしまってから、今後身の処し方に気をつけようと思うようになりました。お父さんは今まで、思ったことをすぐ口に出し、「用心」ということを知りませんでした。しかもどんなことにも真剣に取り組み、自分の考えを明らかにすることを恐れませんでした。だから今回の教訓はとても身にしみるものだったのです。それで私はますますあなたのことが案じられてなりません。お父さんの性格と似たところがたくさんあるし、しかもお父さん以上なので、ぞっとします。

あなたは北京で整風〔思想や活動のあり方を、自己批判等の方法で点検する運動〕の学習の時に経験していますから、そこから教訓をくみ取るべきです。お父さんの例もありますし、これからは絶対身を慎んで、立場をしっかりさせ、みだりに話をせず、でまかせを言ったり、考えもせずに口に出してはなりません。他人や物事を見きわめることを、決して軽く考えてはなりません。ことわざにも「災いは口から出、病は口から入る」と言うでしょう。絶対に心に留めておかなければ！　あなたはかっとなりやすく、抑えがきかないし、それにあなたを妬む人も多いのですから、一挙一動に特別に気をつけなさい。私たちが一番心配なのはこのことですから、どうか自分を大切にしなさいね。

一九五八年三月十七日

愛する息子よ。二月二十八日付の手紙が、十七日もかかってやっと届きましたが、おかしいですね。手紙で言っていたいくつかのことについて、それぞれ私の意見を書きましょう。

一、資本主義国家は私たちとまだ外交関係を結んでいないので（イギリスと私たちは、互いに代表を派遣していますが、関係はやはり微妙です）、通例双方の文化芸術使節が行き来するには、本国の民間団体が前面に出てお互い招待しているのです。ベルギーが直接ポーランドの学校に向かって申し出るのは、国際的な慣例上もかなり突出しています。君はポーランド人ではありませんから、ほかの国へ演奏しに行くのは、結局のところ本国政府の同意が必要なのです。去年の春フランスの文化団体が上海を訪問しましたが、そのうち一人の代表が私に会いに来て、君がフランスへ行って演奏することについて話したことがあります。私は彼らが仏・中友好協会などの名義で、私たちの対外文化友好協会もしくは音楽家協会などに申し出るべきだと話しました。私に会いに来た代表が所属していた訪中文化団も、私たちの対外文化友好協会が民間団体の名義で招待したもので、政府が表に出たのではありません。五六年の冬フランスの元首相フォール〔一九五〇年代二度にわたって首相を務め、のちド・ゴール大統領の参謀として一九六四年の中仏国交樹立に向けて尽力した〕が来た時も、わが国の人民外交協会が招待しました。だから文化部が大使館に指示したことは、完全に正しいのです。君はジェヴィエツキ先生に状況を説明し、できればジェヴィエツキ先生から個人的にベルギーに伝えてもらい、彼らに民間の文芸団体の名義で、中国の対外文化友好協会あるいは音楽家協会に手紙を書いてもらうといいでしょう。

二、新民主主義国家〔東欧諸国のこと。社会主義体制に完全には移行していなかったため、こう呼んでいる〕の状況はもちろん異なり、彼らはその国にあるわが国の大使館に申し出ることができます。もし何度話しても回答がなかったら、彼らにこう言うといいでしょう。「たぶん貴国の駐中国大使館が、私たちの外交部

〔日本の外務省にあたる〕に申し出てもかまわないと思います」。君の立場でこのように答えたとしても、何か間違いを犯すことにはならないでしょう。もちろん同時に、これが君個人の考えであり、結局どうするかは彼ら自身で考えてほしいと説明しなければなりません。これらのことをジェヴィエツキ先生に伝えて、もし先生の都合のいい時に、ブルガリアやユーゴスラビアなどの音楽団体に説明してもらえば、君が自分で説明するよりもふさわしいでしょう。

三、ソ連のオーケストラが訪中する際、君と共演したいということについては、よく考えなければなりません。まず、彼らについて回るのは、多くの時間を費やします。君が始めから終わりまで同行して共演するのを中央が許すかどうか、間際になってまた変化があるかもしれません。もし帰国して何か月もの間、ほんのちょっとしかソ連のオーケストラと共演しないなら、あらかじめよく考えなければなりません。次に、楽理と和声、ポーランド語の勉強がまだとても遅れており、早く追いつかなければならないのですから、無駄にする時間はありません。第三に、たとえ休暇中に先生がいなくなっても、ポーランドで曲を練習する方が、おそらく国内よりも早いし、集中できます。しかも今、君にとって最も大切なのは時間を惜しんでたくさん学ぶことです。ポーランドであとどれくらい勉強できるのかわかりませんが、いずれにしても時間は限られています。第四、君は今年で勉強を終えるのですか、どうなのですか？　学校の理論科目の試験を全部受けるのに間に合うのですか？　――（勉強はどのみち中途半端にはできないでしょう？）――もし五月中に帰国するのだったら、また急いでポーランドに帰って試験を受けなければなりません。試験の準備の邪魔になるし、試験前の勉強もできなくて困るでしょう。

以上の理由から、君は慎重に考える必要があると思います。たとえ中央の意向で帰って来るよう言われても、全面的な学習のため、また行き帰りの時間のことなどをよく考え、中央に対して説明すべきです。それから最後に、今後は私費で飛行機で往復することはできません。国としては、飛行機の切符の支出は大きいし、かと言って汽車で往復するのは君の勉強にとって時間の無駄です。つまり、問題をあらゆる面から考えて、目下の任務のうちどれが最も重要で、どれが二の次なのかを区別してください。単に一つの面から考えるだけではいけません。

一九五八年八月二日（母より）

〈……〉お父さんは体の調子が悪く、いつもよく眠れませんが、あなたも知ってのとおり、お父さんはこれまで仕事を楽しみとしてきました。だから心と体が耐えられるかぎりは、努めてマルクス・レーニン主義を学んで自己改造のはじめの一歩とし、政治認識や理論の基礎を向上させようとしていますし、また一方では翻訳の準備作業もしています。でもあなたの手紙が来ないと落ち着かず、いつも寝言を言ったりして、とてもつらいのです。お父さんはこの一年の間にすっかり年を取って、白髪も多くなりました。私も去年よりずっと痩せて、しょっちゅう顔や足がむくみますが、これは心臓が悪いせいなのです。息子よ、この手紙を受け取ったらすぐに返事を書いてください。あなたの手紙だけが、私とお父さんのたった一つの慰めなのです！

一九五八年九月十八日（母より）

愛する聡。今日か明日かと待っていたあなたの手紙がやっと届きました。短いものでも私たちはだいぶ安心し、そちらのこともわかりました。今は一番忙しい時なのですね。Festival〔音楽祭〕にも参加しなければならないし、試験の準備もありますし。無事に合格することを祈っています。大事なことをいくつか言っておきたいのですが、決して右から左に聞き流さないで、じっくり考えてみてくださいね。（一）テープレコーダーを持っていますよね？　ポーランドにいる間に、そちらで録音してくれたものを自分のテープに録音しておけば、将来持って帰って、少なくとも自分たちで聴けるでしょう。ぼんやりしていないで必ずそうしてください。せっかく恵まれているのだから、録音を持って帰らなければもったいないでしょう。今すぐにとりかかって、帰る直前では間に合いませんから、しっかり計画してやってください。(二) ポーランドで着た古い衣類などは、捨ててはいけません。帰ってきたら、古い服や靴が必要になります。(三) 帰国する前は決して買い物をしないように。国内はどこでも節約第一で、みんな質素であることをよしとしています。あなたがたくさんのものを持っていると逆に面倒なことになりますから。(四) 帰国前にお金が余ったら、大使館に預けるか、いっそのこと大使館に寄付してしまいなさい。個人の利益を考えるより、節約して国に渡す方がいいのです。以上の四点に注意が必要ですから、きっと守ってくださいね。

イギリスの空は遠く　一九五九年十月〜

ポーランド留学を終えた傅聡は、自由の道を選びイギリスに亡命した。体制の異なる国での生活に、両親の不安は尽きない。親子の手紙のやりとりは、共産党指導部の特別のはからいで許されていた。

一九五九年十月一日

息子よ。この十か月というもの、私がどんな気持ちでいたかわかっているはずです。あれこれ言って君の負担を増やしたくはありません。君は祖国を忘れてはいないのだから、祖国も君を忘れることはないでしょう。ずっと君のために居場所を残し、目が覚めるのを待っていてくれるでしょう。私は信じています——祖国の門はいつまでも君に向かって開かれていると。

たいていのことはお母さんが言ってしまったので、繰り返すつもりはありません。しかし一つだけ、念を押しておかねばなりません。適度に演奏会を開けば、君の芸術の刺激になるし、演奏の水準も上がるでしょう。しかしあまりやり過ぎると、感覚が麻痺して、演奏から生き生きとした新鮮な感じを奪ってしまい、芸術をだめにしてしまいます。芸術を命より大切に思っているのだから、その芸術には忠実でいなければならないし、できる限りを尽くして芸術の完全さを保つために闘わなければなりません。この闘いで今のところ最も大切なのは次のことです。舞台に上がらねばならない理由を考えるだけではなく、なぜ演奏会をやり過ぎてはだめなのか、その理由をよく考えなければなりません。それから、決してマネージャーの金づるになってはいけません！　彼らが演奏会を勧める理由は、人気があるうちにできるだけたくさん稼ごうとする以外の何物でもありません。真の芸術のためなどであるものですか！　一か月に七、八回、いや十回近くもの演奏会なんて、本当に多過ぎる、あまりに多過ぎる！　このままではただのピアノ弾きになってしまい、果ては演奏マシーンになる恐れが大いにあります！　レパートリーもすぐ底をついてしまうでしょう。細く長く、これがよいやり方です。こんなに忙しく舞台をこなしながら、同時に新しいレパートリーを増やそうとすれば、人は鋼鉄ではないのだから、数か月もしないうちに体がだめになってしまうでしょう。緑の山がなくなったら、どこで薪を探せばいいのですか？　まして心身の過労は気持ちに響き、芸術に対する感受性に悪い影響を与えます。これらの理屈が君にわからないはずはありません。なぜ勇気を出してマネージャーに相談し——必要とあらば断固自分の考えを押し通して——演奏会を今の半分またはそれ以下に減らさないのですか？　きっと君はこう言うでしょう。もう返事をしてしまったから、キャンセルすることはできない。取り消すのなら、彼らの損失を弁償しなければ、などなど。しかし、今決まっている演奏会を少しずつ後ろにずらせば、間にゆとりができるのではないですか？　万が一病気になったとしたら、やはりそのようにしてキャンセルしなければいけないのでしょう？　まさか税金とマネージャーの給料がとても高く、自分の取り分が毎回わずかしかないから、こんなに多くの演奏会を開かなければ生活していけないというのではないでしょうね？　手紙ではもう落ち着いたということでしたが、それなら一か月にほんの一、二回（多くても三回）にしたとしても、人気がなくなる心配はないでしょう。決定的な戦いはもう終わりました。どうでもよい、下手な戦いを余計にすることは、エネルギーを浪費し、マネージャーの得になる以外には、まったく無駄です。無駄なだけでなく、満足できない演奏のせいで、聴衆の印象を悪くしてしまいます。今や、君が開こうとする演奏会は、全て国家の体面に関わってくるのです。個人の栄辱や得失などは小さな事、国家のそれこそが大事なのです！　祖国を心から愛しているのなら、これだけは忘れてはなりません。体のため、心のため、芸術のため、国家の名誉のために、大幅に演奏会を減らさなければなりません。このことのせいで、私は手紙を受け取って以来安眠できず、毎晩何度も目を覚ましてしまうほどなのです。

それから恋愛問題はどうなったのですか？　手紙には一言も書かれていませんが、私たちは一日としてそのことが胸を去りません。君の性格はよくわかっていますし、様子も想像がつきます。君はいつでも情におぼれ過ぎて、たとえ自分からではなくても、人から好意を寄せられると、虚栄心をくすぐられて嬉しくなってしまうでしょう。これは人の常ですが、芸術家はその傾向が強いから、特に注意しなければならないのです。君はとっくに成人し、二十五歳になって理性も強くなったはずだから、一時の衝動的な行為はちゃんと抑えられるはずです。さて実際はどうなのでしょうか？　一生の伴侶を探すには頭でよく考え、感情にだまされないようにしなければなりません。恋する者の目はひとたび結婚すると変わってしまい、その変わり様は自分でも信じられないほどです。前もってこれを予想しておかなければ、後で必ず苦しむ羽目になるでしょう。芸術のほかには、君の外国での身の処し方、正にこれが私たちの心配の種です。なぜならこの点が間接的に国家民族の名誉に影響を与えるからです。イギリス人の男女問題についての考え方は、これまでずっとピューリタン的ですから、どれだけ慎重にすべきか、君にも思い当たることがあるでしょう。自重することこそが、父母の恩に報いることであり、国家の恩に報いることなのです。

真の芸術家、名実相伴う芸術家のほとんどは、思い出や想像の中で情愛を育んでいます。育んだ情愛を昇華できる人だけが、人類のために多くの傑作を残すことができるのです。繰り返し中途半端な、実りのない恋愛をしていると、ドン・ファンのように軽薄になり、少なくとも愛情感覚が麻痺して、おのずと世間を甘く見るようになります。そしてわかるでしょう、世間を甘く見るとどうなるか。ほかはさておき、芸術が頽廃してしまうのです。

一方でもしも毎回真剣に恋愛をすれば、エネルギーを消耗し過ぎてしまいます。どれほどもない寿命を全て芸術に捧げても足りないのだから、どうしてこんな浪費をすることができるでしょうか。ゲーテの『若きウェルテルの悩み』の話はおぼえているでしょう。もしゲーテに真の知恵と真の勇気がなかったら、歴史上にゲーテは存在しませんでした。十五歳の時から今までの感情の軌跡をひととおり思い出してごらんなさい、きっと茫然とすることでしょう。これからはきっと考え方を変え、態度を改め、心を入れ替えて、恋愛に臨むべきだと思いませんか？　——結局演奏契約のことでも、恋愛のことでも、政治的なことでも、「思いどおりにならない」状態に陥ってしまうのが、君の最大の弱点なのです。——国を挙げて建国十年とその成果を祝っている今〔中華人民共和国が成立したのはちょうど十年前の一九四九年十月一日〕、こんな手紙を書くのはとりわけ万感の思いがあって言葉では言い表せません。息子よ、慎重に、いろいろなことに対してくれぐれも慎重に、どうか自分を大切にしてください！

一九五九年十月一日（母より）

愛する聡。手紙をもらう前、私たちの心は重く、苦しみでいっぱいでした。あなたの変化があまりに突然で、どういうことかわからなかったのです。両親としては後悔にかられ子を心から思うほかには、ただただあなたが自分で目覚めるのを祈るだけです。私たちはわが国にいれば、祖国を懐かしむ気持ちは切実なもの。身の処し方や仕事のことに限らず、どんな時も私たち中国人の伝統である謙虚さと鷹揚さを失わないようにしてください。

すでにいろいろな場所へ行って数十回もの演奏会を開いたとか。ともかく好評を得られたのは、もちろんあなたが苦労して働いた成果です。毎回の舞台はきっと戦場のようでしょうね。成功あるのみ、失敗は許されないのでしょう。でも考えたことがありますか、こんなにたくさんの演奏会を、この先続けていけば、健康を損なうのでは？　あなたは昔から生活全般に無頓着だし、演奏のためには寝るのも食べるのも忘れてしまいます。その上あちこち奔走したら、どんなに疲れることでしょう。あなたのように若く元気なうちは気付かないのかもしれませんが、いつかは健康に差し障り、つけを払うことになるのです。舞台が多過ぎると、勉強の妨げにもなるでしょう。道理から言えば、あなたのようなピアニストは、毎月多くても二、三回の舞台で十分、それでやっとゆっくりほかの勉強ができるというものです。進歩しなければすなわち退歩といい、今の状態があなたにとっては不利なことを知るべきです。自分で心づもりをし、しっかり計画を立てること。マネージャーと相談するのもいいですし、とにかく演奏会が勉強と休息の妨げにならないようにすることが大切です。むしろ生活は貧しくとも、自分の力をたくわえておく方がいいでしょう（経済的なこともよく考え、節約をすること。浪費癖をこれ以上ひどくしてはいけません）。ことわざにも言うでしょう、家にあっては父母に頼り、家を出ては友に頼る、と。あなたは一人で外国にいるのだから、もっとしばしば年長の人に教えを求め、友達に相談しなければ。絶対に独断で物事を運んではいけません。

ワルシャワのジェヴィエツキ先生には、いつも手紙で教えをいただいているのでしょうか。あなたは先生の愛弟子なのだから、絶対先生を忘れてはいけませんよ。〈……〉

一九六〇年一月十日

息子よ。国外での批評を見ることができて嬉しかったです。君のいくつもの特徴がすでに皆に認められ、賞賛されていましたから。例えば tone〔音色〕や touch〔タッチ〕、細かい部分に対するこだわりや完全さを追い求めること、理解の深さや風格など、全て注目されていますね。ある人は、モーツァルトのピアノ協奏曲第二十七番 K.595〔K.はモーツァルトの作品目録番号を示す〕の第一楽章が healthy〔健康的〕で extrovert〔外向的〕な allegro〔アレグロ、速く演奏すること〕だったと言いますが、どうも君の考えとは違うようです。その章が健康的だというのは問題ありませんが、「外向的」(extrovert) であるとは限りません。ほかの批評では、君が弾いたK.595の第三楽章について「His sensibility is more passive than creative (彼の感性は創造的であるというよりむしろ受動的なものだ)」と書いていましたが、私の見方とは違います。またほかでは、ショパンのBallades〔バラード〕とScherzo〔スケルツォ〕の速いフレーズをあまり速く弾き過ぎて、作品の明確性を妨げていたとも書いてありました。この評論家は君が三月と十月に二度ショパンを弾いた時も同じことを言っていましたが、実際はどのように弾いていたのでしょうか？　プログラムの楽曲説明と一般の批評から見る限り、イギリス人はモーツァルトに対して際立った解釈がないようです。優れた学者や芸術家はいるのに、文章を書いていないのかもしれません。

三十年前のフランスと比べれば、イギリスはどこでも音楽を楽しむ空気があるでしょう。どこでも広くというのは必ずしもレベルの高さを意味しませんが、結局のところ質は量より始まるものですから。フランスはひとたびパリを離れれば閉塞した感じで何もありませんでした。一方イギリスは中小の都市でもたくさんの文化芸術活動がありました。もっともこれは表面を見ただけで、実際の市民のレベルや、反応がどうかということは、その場で経験した君に聞いてみなければなりません。様子を教えてください。西欧に暮らして一年、あちこち行ってみて、各国の音楽界についてどんな感想を持っているのか知りたいです。演奏会の会場についても、書いてみてください。例えば音響効果で有名なFestival Hall〔フェスティバル・ホール、ロンドンの代表的なホールの一つ〕は、一体どんな特徴があるのかなど。

聴衆の好みと自分の勉強を結びつけるため、今後のプログラムはどの方向に発展させるつもりですか？　シューベルトとモーツァルトは今のところ、当然あるべき重視を受けていないように思うし、君自身は体得したことが特に多い。だから両者の演奏に力を入れているのではありませんか？　プロコフィエフとショスタコーヴィチのソナタは、まだ演奏会では弾いていませんが、イギリスの一般の聴衆は現代の作品があまり好きではないのでしょうか。君がとっくにさらったというバルトークの協奏曲は何番ですか。彼の協奏曲は三番が最も人気があるそうですね。ベートーヴェンの一番を練習して、三番も弾きたくなりましたか。ブラームスの大作を弾いたあと、ロマン派に対して考えが変わりましたか。シューマンとフランクについてはまた好きになれそうですか。もちろん、一生音楽に携わる人は、これらの大作曲家について生涯何度も何度も考え方が変わるでしょう。以上の質問はただ君が現在どう思っているのかを知りたかったのです。〈……〉

君の演奏を批評するのに、体が貧弱なことをあげた人が何人かいました。いかに体を大切にし、十分休養すべきかよくわかるでしょう。今年の夏は必ず時間を作って休暇を過ごさなければ！　演奏会を減らすことのできない理由を書いていましたが、それはよくわかりました。しかし生活に迫られているのでなければ、次のシーズンは絶対今期より合理的に減らさなければなりません。天下を取るにもあわててはならず、長い目で見る必要があります。精を蓄え力をつけ、精神が満ち足りた状態で決戦にのぞめば、小さな戦いをたくさんするよりよほど効果があります。それにまだ勉強もし、レパートリーも増やさなければならないし、ほかの面でも教養を身につけなければ。その上で、さらに十分な休みを取らねばなりません！

どのような政治的・経済的後ろ盾にも頼らず、芸術のみに立脚すること、これが君自身に対する、そして人々と祖国に対する最低限かつ最も重大な責任です。もちろん君はよくやっていますが、これからもずっとがんばるよう願っています。君ならそうできると信じていますが、試練の日々はまだ来ていません。これまで君はまだ逆境に出会ったことはありませんから。本当に貧しい日々を送らなければならなくなった時、初めて「貧賤にあっても志を変えない」ことが証明できるのです。日頃から備えを怠らず、よく自分の意志を鍛えてください。

プログラムなどはいつでも送ってください。フランス、ベルギーの批評はありますか？君のSteinway〔スタインウェイ、世界有数のピアノブランド〕は七尺ですか、九尺ですか〔「九尺」は約三メートルのグランドピアノ〕。この数週間病気ばかりで、連日風邪だ、胃腸炎だと、たくさん書く力がなくなってしまいました。どうか万事に気をつけて、くれぐれも大切に！

一九六〇年一月十日夜（母より）

あなたが世の中を渡っていくのには原則があり、自信があることが手紙からわかったので、私たちの心にのしかかっていた石は取り除かれました。祖国があなたを育ててくれたこと、指導者たちが見守ってくださることをどうか忘れずに、あなたの独立した闘いを続けていきなさい。民族の自尊心にかけて、外国ではなおさら人に抜きんでて国のために栄誉を勝ち取ってください。芸術だけでなく、人としてのあり方でも。あなたが風向きを見て行動したりはしない、決して都合良く主張を変えたりはしないと信じています。あなたの成功は、やはり祖国の誉れです。息子よ、あなたは私たちに苦しみと、そして喜びとをくれるのですね。

この二か月ほどは、私たちは音楽を聴いて楽しむ気分になれました。あなたが懐かしくなると、数枚しかないレコードを取り出して聴きます。まるであなたが目の前で弾いているように。いつも思い出をよりどころにあなたを思います。これまでの別れや再会や、幸せだったこと、つらかったこと、人生は夢のようで、あっという間に半生が過ぎてしまいました。私たちはここ数年すっかり年を取って、お父さんはごましお頭になり、神経衰弱で、精力もめっきり衰え、夜は仕事ができなくなりました。私も眼が悪くなり、眠れないこともしょっちゅうです。これもすべて年を取った証拠で、どうしようもありません。

私が一番心配なのはあなたの体のことです。写真を見ると痩せたようですし、少しふけましたね。あなたの性格がよくわかっていますから、ピアノの練習のためには寝食を忘れ、生活もめちゃくちゃになるでしょう。私たちのそばにいればコントロールして、面倒を見てあげられるのですが。今は食事はどうしているのですか？　経済的な問題さえなければ、あなたにとっては栄養が第一です。精神も身体も消耗が激しいのだから、気をつけなくてはなりません。着る物や食べる物については、面倒くさがらないこと。若さにまかせて適当にすませたり、おかまいなしにしていてはいけません。いつかはつけを払うことになりますよ。これからは生活の細かなこともたくさん教えてくださいね。一緒に暮らしている

ような気分になれるように。〈……〉

一九六〇年二月一日夜（母より）

愛する聡。一月十一日に出した手紙は何日かかりましたか？　レコード会社はもうレコードを出しましたか？　近頃演奏会の様子はどうですか？　どんな国に行きましたか？　体の調子はどうですか？　あれこれ思ってばかりです。先月末お父さんの仕事が一段落して、ちょうど春節〔旧暦の正月〕だったので、あなたの参考になるよう音楽ノートを作りました。役に立つでしょうか。原文はフランス語ですが、場所によってはわかりやすいよう直接英語に訳しました〔「音楽ノート」は傅雷がフランスの音楽評論家の本から抜粋して中国語に訳したもの〕。もとから感じていたことと比べればきっと意見があるでしょうから、手紙に書いてくださいね。

あなたが自分をしっかり批評できる人だとわかっていますが、一人の人間の世界には限りがあるもの。他人によい批評をされた時はがんばる気になれますが、本当はひっかかる意見こそがあなたを進歩させ、視野を広げてくれるのです。冷静に、そして謙虚な態度で考えてみてください。どの評論家であれ民衆の一部を代表しているのですから、評論家の言うことを考えてみるのは、民衆の意見に耳を傾けることになります。ほかの人の演奏を聴いたあとは、きっといろいろな感想があるでしょう。それも私たちに教えてくださいね。お父さんは言いました。専門の勉強に努めるだけでなく、時間を割いてほかの分野の本をたくさん読みなさい、と。そうすればあなたの思想は豊かになり、知識も幅広くなるでしょう。またお父さんは、あなたに祖国の本や新聞を読んでほしいと思っています。必要な本があったら言ってください、送りますから。

一九六〇年四月十九日（母より）

お父さんの具合はとても悪くて、体が弱って眠れないだけでなく、眼もおかしくなってしまいました。はじめはいつもかすんだりしみたり、涙は出るし頭も痛くて、眼鏡が合わないのかと思っていました。二か月前に眼科で検査して初めて、眼鏡のせいではなく、眼そのものの病気だとわかったのです。脳と眼を使い過ぎたために視神経が衰えてしまったのだと。お医者さんが言うには、三、四か月は休養が必要で、絶対本を見てはだめ、頭を使ってもだめ。栄養にも気をつけなければならない。でないとこのまま進んだら失明のおそれもあるということでした。今度ばかりはお父さんも「待った」をかけられました。働かないで休息し、頭をぼんやりさせるなんて、お父さんには簡単なことではありません。

だから私は口をすっぱくして、絶対お医者さんの言うことを聞くようにと言っています。この二か月は何とか仕事を完全にストップさせ、時々音楽を聴いたりするだけです。私もとにかく寝るようにしむけています。ベッドに横にならないかぎり、どうしても眼を使ってしまいますからね。頭が痛いのは、呉先生の診断では三叉神経痛のせいだとか。一日に二、三回痛み、ひどい時は一晩中十何時間にもわたって、とても苦しんでいます。歯も検査して、何本か抜いてもみましたが、よくなりません。二か月あまり休んでも眼はあまり回復していないので、とても心配です。これからは私が仕事を手伝って、辞典を調べたり、原稿を整理したり、資料収集やカード作り、タイプを打つなど、前よりもっとしなければなりません。私もここ数年心臓が弱って、顔や足がむくみ、動悸がしたりします。町内会の当番で立ち通しだったり、ちょっとばたばたすると特にそうです。でも年を取ればよくあることですから、心配しないで。大切なのは自分の体をいたわること、決して疲れ過ぎないよう、十分に休んでくださいね！

一九六〇年八月五日

息子よ。お母さんが二度手紙を書きましたが、私は書けませんでした。体の調子が悪くて、気力がなかったのです。もともとどこも痛まない時の方が少なく、そのわずかな間に仕事をしています。仕事が終わると精魂尽き果て、ほかのことをする気になれません。年を取ると病気がちになるのは当たり前、遅かれ早かれ衰えがやって来ます。衰えないということはあり得ないので、どうか心配しないでください。私は昔から生死については淡々としています。ただ国のために力を尽くし、生きている限り仕事をして、あの世から迎えが来た時にペンを置いて休めばいい。それだけです。芸術をする人はいつも悩みにつきまとわれますが、特にこの時代に生きる古いインテリはそうです。君は若いけれど、私のところから染みついた古いインテリの欠点は少なくありません。しかしこの四、五年手紙ではいつも、ひとたび仕事に没頭すると全ての悩みを忘れると書いていましたね。このように仕事の喜びで悩みを忘れられるなら、もう大したものです。私たちは一日二十四時間、食事と睡眠以外はいつも仕事ばかり、暇な時間は少ししかない。だからたとえ悩んだとしてもそれほど長く引きずるわけではない、そうでしょう？　もっとも仕事と休息のバランスは取らなければならないし、音楽をする人は神経と感情が特に緊張しますから、一年もしたら思い切って休みを取らねばなりません。夏休みに田舎へ行って十日ほど過ごせば、心身のためになるだけでなく、音楽的な感性にも良い影響を与えるでしょう。郷に入っては郷に従えと言いますから、その土地の風俗人情もじっくり観察するべきです。ずっとロンドンに閉じこもっていたり、あるいはあくせく各地を飛び回ってばかりで、現実世界との接触がないのはよくありません。手紙を読んだらすぐ荷物をまとめ、出かけてゆっくりしなさい。ほんの四、五日でもいいですから。

最近スカルラッティ〔ドメニコ・スカルラッティ。十八世紀前半に活躍したイタリア出身の作曲家・鍵盤楽器奏者〕を勉強してたくさんのよい所を発見したとか。別に不思議ではありません。ヘンデルが好きになったあと、当然の結果でしょう〔ヘンデルは主にイギリスで活躍した作曲家。ドメニコ・スカルラッティの父、アレッサンドロの作品に影響を受けたとされる〕。スカルラッティの時代は、ルネサンスが絵画と文学の世界ですっかり花開き、次に音楽に向かった頃です。人の思想感情がちょうど別の芸術の中でほとばしろうとし、より直接的に感覚を刺激しようとした。形を持たずより自由な芸術、すなわち音楽で、その欲求を満たそうとしたのです。だから当時の音楽作品はとりわけ生き生きと清新な力に満ち、正にルネサンス前期絵画におけるボッティチェリのようです。しかも音楽の法則はまだ十八世紀末のように厳格ではなかったので、才能ある作曲家は心を表現しやすかったのです。ヨーロッパ音楽は十七世紀の時点ではまだ伝統が浅く、絵画や彫塑のように古代ギリシアですでに極みに達していたのとは異なります（彫塑は紀元前六世紀から四世紀、絵画は紀元前一世紀から紀元一世紀がピークでした）。広大な処女地がスカルラッティとのちの人々を待っていました。ここまで書いてから思ったのですが、君はいつも大英博物館に通うべきです。あそこの芸術の宝は一生かけても味わい尽くせないでしょう。あらゆる（全般的な）芸術の修養を高めるため、よく足を運んで勉強しなさい。

私は病気がちなので、芸術に多く触れるしかなく、もとからの伝統絵画に加え、拓本も何となしに勉強し始めました。今では中国書道の変遷や源流について、いくらかの手がかりをつかみ、中国の芸術史全体にも理解が深まりました。残念ながらここで詳しく語る気力がありません。書道と言えば、急に思い出したのは『音楽と音楽家』〔イギリスの音楽雑誌〕四月号に載っていた君のサインです。聡の字を「」と書いていたでしょう。最後の一画は下へ伸ばしてはなりません。行書や草書では、「」や「」で「心」を表しますから、書くとすれば「」か「」です。最後の一画は筆先の勢いを出して「」または「」と書いてもかまいません。しかし余勢が大き過ぎて下へ伸ばし一本の足になってしまってはだめです。注意してください。

君は以前、イギリスの評論家に対してずいぶん厳しかったですね。良い評論家は良い演奏家と同じように滅多にいなくて、ほとんどは平々凡々な「職業評論家」に過ぎません。

しかし送ってくれた批評の中でいくつかは確かに当たっていました。例えば五月七日の*Manchester Guardian*〔マンチェスター・ガーディアン。現在イギリスを代表する日刊紙『ガーディアン』の前身〕にJ. H. Elliot〔エリオット〕という署名で書かれていた《東方からの新たな啓示》*New Light from the East*では、君のことを、西洋音楽の伝統をそのまま受け継いでいるのではなく、先人の持たなかった清新な視点を持っていると言っています。また君が西洋の伝統を離れた時、常によりよいものでそれに替えていると。たとえ西洋文化の最も保守的な擁護者であっても、そこに何ら「道理に合わない」、「でたらめな」、奇を衒ったものを感じないだろうとも。君の特徴を実によく理解していますね。東洋人の思想感情で西洋音楽を表現することができ、なおかつ西洋の最も保守的な人に受け入れられるということは、君が確かに西洋音楽に新しい貢献をしたことを意味しています。私はとても嬉しく思いました。これもまた東風が西風を圧倒する〔東西両陣営の対立の中、社会主義陣営が優位に立っていることを表すのに使われた言葉。毛沢東が一九五七年十一月のモスクワにおける講話で使い始めた〕ことの表れであり、正に中国の芸術家が世界の文化に対して果たさなければならない責任であることはさておき、異なる種族の芸術家だけが、ある芸術の完全さを損なわないという条件のもとで、新しい血を注ぎ込むことができます。世界の文化はこうしてこそますます豊かに、ますます完璧な、輝かしいものとなるのです。この道をこれからも進んで行ってください！　それから一月二日の

Hastings Observer〔ヘイスティングス・オブザーバー。イギリスの地方紙〕の Allan Biggs〔アラン・ビッグス〕という署名の批評は、筆者が心から感動して書いているのがわかり、全文どこにも空虚な賛辞がなく、何が良かったのかをしっかりと書いていました。見たところ筆者はかなり年輩の人のようですね。彼が一生の間に聴いた千にも上るピアニストのうち、君のような魅力を感じたのは Pachmann〔パッハマン〕と Moiseiwitsch〔モイセイヴィチ〕だけだと書いていますから。Pachmann はもう死んで何年にもなりますし、彼が聴いたことのある「千にも上る」ピアニストは、すっかり年を取ってしまったでしょう。それから君のレコード評も良く書けていました。

書く中国語を西洋じみたものにさせないためには、たくさん書くしかありません。書く時は必ず下書きをし、一つ一つ手を入れなさい。ほかに方法はありません。特に、あってもなくてもよい言葉を徹底的に削ること。

外国にあって、芸術によって生計を立て、しかも権力者に頼らずにいられることに、私たちは慰められています。君がきっとがんばっていけると信じています。このようなプライドは、中国の芸術家の最も美しい伝統の一つであり、西洋が見習うに値するものです。しかしこの言葉を忘れてはなりません。「歳寒くして、しかるのちに松柏の凋むに後るる経を試練の「歳寒」まだはは君ことを知る」〔厳冬の季節にも松は青々として枯れることがない。厳しく困難な事態に至って初めてその人物の真価がわかることのたとえ。『論語』の言葉〕。

君はまだ「歳寒」の試練を経ていないのですから、自分をもっと強く戒めなければなりません。どんな時も慎重に！

くれぐれも気をつけて！

異郷で育んだ愛

一九六〇年八月〜

傅聡は世界的ヴァイオリニスト、メニューインの娘であるザミラと婚約した。傅雷は息子だけでなく、ザミラに対しても結婚生活の心構えを説こうとする。二人で読めるように、英語やフランス語で書かれた手紙も多い。

一九六〇年八月二十九日

愛する息子よ。八月二十日付の嬉しいニュースのおかげで、私たちは言葉にできないほどの喜びと興奮で一杯です。人生の旅路で新たな一歩を踏み出し、新たな責任を担い始めたのですね。おめでとう、君を祝福し、励ましましょう。音楽に向かうのと同じ意気込みで、同じ自信と謙虚さを持って、人生という芸術の最も味わい深い一課を学んでください。将来この芸術において、音楽で得たのと同じ成功を得られますように！　何か疑問や悩みが生まれたら、実直で経験のある中高年の人にいつでも教えてもらいなさい。（ロンドンでもう一年八か月も過ごしたのだから、このような世事に通じた友人がいるでしょう？）じっくり考え、それから決定し、一時の衝動にまかせないように。これだけ守ってくれれば、私たちは安心です。

生涯の伴侶に対しては、人生に対するのと同様に、多くを求め過ぎてはなりません。物事にはいつも表と裏がありますから、あまり切に求めると、負担が重いと感じるでしょうし、ゆったり構えていると、情熱が足りないと思われてしまいます。やさしい人は時に意気地なく見え、しっかりした人は独裁者のようになってしまいます。幻想が多ければ現実と合わないし、かと言ってやり手のおかみさんでは俗っぽいと感じるでしょう。長所ばかりで短所がない人などどこにいますか？　世界に果たして完全無欠な人や、物事があるでしょうか。胸に手を当てて考えてごらんなさい、自分はどのくらい完璧だというのですか？このたぐいの問題はきっと何度も考えたことがあるでしょう。一番大切なのは、人柄が善良で、生まれつき温厚で、広い心を持っていること。この三つさえあれば、あとはゆっくり育てていけるでしょう。またこの三つがあれば、将来たとえ大小の波風が立っても悲劇には到りません。芸術家の妻は、どんな人の妻になるより難しいものです。それをわかっていなければ、たとえ自分が「人に厳しく、自分に甘い」ことに気付いていても、聡明で思いやり深く、我慢強くなることは難しいでしょう。生活の細々したことを君に替わって片づけてくれ、君の仕事に関心を持ってくれればそれでいいのです。教養がどれくらいあるかなどは、とりあえず期待し過ぎる必要はなく、やはり結婚後の生活がどんなふうかを考えなければなりません。今は二人とも、互いに尊重し、理解し、寛容になることを学んでください。

君が世界の全てだと彼女が思っているのは、危いことではありますが、ありがたいことでもあります！　もう気付いているのなら、ゆっくりと彼女の目を覚ましてやれるでしょう。一番よいのは、正面切っては言い出さず、遠回しに言うことです。それは彼女の人格の独立を守り、世界観を広げるためだと思わせせなければなりません。すでにオリヴィエ〔『ジャン・クリストフ』の主人公の親友〕の話を思い出していたのなら、あの本をよく読ませてみたらどうでしょう。特にあのエピソードに注意させて。ジャックリーヌ〔オリヴィエの妻となったが結婚生活は長続きしなかった〕のようにひたすらlove, love, love！〔愛、愛、愛〕という人は、童話の中に存在するだけで、現実世界ではloveが得られないばかりか、生活もしていけません。なぜならlove以外に何も知らず、何も持たず、愛するものがないからです。こんなに狭い世界を世界と言えるでしょうか！こんなに一面的な人生観で幸福が得られるでしょうか！　男か女かにかかわらず、自分の関心を仕事と、学問と、芸術の上に集中させ、小さい自我（ego）をできるだけ捨て去ること。そうして初めて楽しく生きる可能性が得られ、生きる意義を感じられるのです。世事にうとい若い娘はよくばかげた夢想の中に生きていて、恋愛中の感情の高まりが結婚後も続くと思っています。これは自然の法則に逆らった妄想です。古に曰く、「君子の交わりは淡きこと水のごとし」〔『荘子』の言葉〕。また「夫婦は相敬うこと賓客のごとし」とも言います。静かで、控え目で、穏やかな感情だけが長続きすることがわかるでしょう。二番目の言葉の意味は、夫婦は時が経てば完全に友人のような関係になるということで、つまりこれが生涯の伴侶というものです。結婚する前に二人がこのことを深く理解し、将来のために確かな基礎を打ち立てれば、不要な誤解や苦しみをいくらかでも避けることができるでしょう。

君は芸術を命としている人であり、真理や正義、人格などを何より重んじています。また仕事を生きる喜びとしている人でもあります。口を挟む必要もないでしょうが、すでにこの信念を相手に伝え、こんこんと説いたのでしょうね。何点かのことだけ言っておきたいと思います。まず、この世で最も説得力があるのは、実際に行動で証明することであり、最も効果のある教育は、身をもって示すことです。自分ができないことを決して他人に要求してはなりません。自分も犯すであろう間違いは、まず自分を批判し、自分から改めるのです。次に、私が君を教育した時、しばしば厳し過ぎたという過ちを決して忘れないでください。私のかつての誤りのおかげで、君が同じ誤りを犯すのを避けられるなら、私の罪もいくらか軽くなるでしょう。自分が味わった苦しみを他人に与えてはなりません。そうすれば君の苦しみも無駄ではなくなりますから。つまり、人を指導するにしても、「先生ぶっている」という感じを与えないように。オノリーヌ（バルザックの中篇を覚えていますか）の不幸は、おおかたは身から出た錆ですが、いくらかは夫に教育された時、その態度に自尊心を傷つけられたせいでした。幼年時代が楽しくなかった人はとても傷つきやすく〔訓練してたいそう強くなる人もいますが、ごく少数です〕、とても敏感です。自分のことを思い出してごらんなさい。そうすれば妻に対していかにdelicate〔やさしく〕、discreet〔思慮深く〕接するべきかわかるでしょう。

愛情の問題について、きっと以前より慎重に、真剣に考えるようになったことでしょう。この試練の時に、さらに真剣な態度であらゆることに接し、特に結婚後の責任について、誠実な、厳粛な、敬虔な気持ちを育んでください！

一九六〇年八月二十九日（母より）

愛する聡。今日めでたい知らせを受け取って、本当に言葉にできないほど嬉しいです。母親としての願いがとうとうかなうのですね。男は大きくなれば嫁を取り、女は大きくなれば嫁に行く、これが世の道理です。どうかあなたとZamira〔ザミラ〕が末永く幸せでありますように。私たちが子供のために心を悩ませるのもこれで一段落です。彼女は美しく、聡明で、やさしくて、あなたにとっては言うことなしです。いつも話していたのですよ、聡のお相手はきっとこうでなければならないとね。だって私がお父さんと一緒になって、仲良く過ごせるのがいい例ではありませんか。本当に相手をわかっていて、理解していれば、少しくらい嫌なことがあったとしても、ものの数ではありません。結局のところ、自分にも誤ったところがあるのですから、どうか厳しくなり過ぎないでくださいね。何事にもあまりこだわり過ぎず、相手がうち解けやすいよう、いつも思いやりを持ってやさしくしてください。特に一生の伴侶に対しては、心を迷わせることなく、終生同じ気持ちを貫いてくださいね。あなた方が心から愛し合い、お互いに認め合い、許し合えば、起こりがちな波風もすぐに消えてしまうでしょう。特にあなたは欠点が多くて、まるでお父さんのようですから。自分自身を知る賢さを身につけてさえいれば、あなたの妻は幸福でいられるでしょう。そしてもう一つ言っておきたいのですけれど、これからは幼い頃の初恋を懐かしんではなりませんよ。あちらはもうとっくに結婚しているのだし、考えても無駄なばかりか、無意識のうちに表れて、いたずらに妻の誤解を生むことになります。これは一番してはいけないことですし、無意味なことです。お父さんがすでにたくさん話しましたけれど、これは全て経験談なのですよ。私たちは人生の旅路を何十年も歩いてきたので、自分の経験と結びつけるだけでなく、友人たちのあまたの出会いや別れも見てきました。ですからあれこれ言うのは、あなた方にいつまでも幸せであってほしいと願うからなのです。

一九六〇年九月七日〔英語で書かれた手紙〕

親愛なるザミラ。［……］人は宇宙の中では取るに足りないもの、自分では思いどおりにならない存在です。しかし他人にとっては、神秘的で測りがたく、それ自体が一個の世界です。ですから一人の人間を見きわめることはとても難しく、その上民族や宗教、文化や政治背景が異なれば、もっと難しいでしょう。ですからあなた方はまず婚約してみて、お互い十分わかり合えるよう、特に相手の性格を理解するよう努めることが、賢いやり方だと思います。（ただし婚約の期間が長過ぎるのもよくありません。これについてはまた説明しましょう。）婚約期間にはもう一つ大切なことがあります。それは現実をよく理解し、立ち向かう準備をすることです。現実は、若い人が純粋な心で想像しているものとは全く違います。生活は予想もできない困難な闘いに満ちているだけでなく、日常のこまごました事で一杯ですから、もっと耐え難いでしょう。これらは些細でわずらわしく、また理由も原因もないものですから、防ぎようがありません。夫婦が互いに全てを理解し、心から受け入れ、いつも譲り合い、変わらぬ真心で接する。そして生活に対して同じ考え方を持ち、共通の高い理想と信念を持ってこそ、人生の旅路で起こる大小の波風を無事に乗り越えることができ、琴瑟相和する生涯の伴侶となれるのです。

一九六〇年十一月十二日〔英語で書かれた手紙〕

親愛なるザミラ——愛するわが子よ。〔……〕芸術家の家は品が良くなければなりませんが、ぜいたくになってもいけませんから、息子を一時の楽しみのために散財させないようにしてください。彼の芸術生活は始まったばかりで、前途は明るいけれども、まだ確かな保証を得たわけではありません。家の切り盛りについてはずっと気に留めないできましたから、支出を抑えて倹約するよう促してくだされば、何よりの助けとなるでしょう。あの子は人を信じやすく（生まれつき純粋で善良なことの表れですが）、友達であろうが知らない人であろうが、人物の善し悪しも構わず気前よく接してしまいます。おそらくもう気付いているでしょうが、彼は簡単に悪人にだまされるのです。ですからあなたが常識と直感でもって、彼の守護神となってやってください。このような常識と直感は、どの女性にも、たとえどんなに若くても、必ず備わっているものです。逆に、多くの芸術家にとっては（私が言うのは真の芸術家です）、どんなに成熟していても、必ず欠けているものです。この十年来、私たちはいつも聡に忠告してきたのですが、恋人の言うことは時に両親のアドバイスよりずっと効果があると信じています。実際、二人がいつも守り合って、初めて互いをそばで支えられるのですから。

一九六〇年十一月十二日（母より）〔英語で書かれた手紙〕

親愛なるザミラ。［……］聡は気が変わりやすい芸術家で、冗談を言って喜んでいる時はまるで子供のよう、むっつり閉じこもるとロマン派の詩人のようです。ある時は穏やかでつきあいやすいけれど、またある時はとても頑固で融通がききません。でもそれは、公平に言うなら、いつも間違っているわけではないのです。実は心根が善良で暖かく、人には誠実でたくさんの同情心を持っています。心が広く、生まれつきやさしい子です。

一九六〇年十一月二十六日晩

愛する息子よ。ザミラが私たちと文通するようになってから、まるで秘書ができたように、自分では書かなくなりましたね。忙しいのはわかっているし、神経が疲れているでしょうから、責めはしません。しかし芸術の問題は、自分で語らなければだめです。語らなければ、精神の上での、芸術の上での私たちの交流が絶たれてしまうし、私はこの孤独な環境の中でもっと孤独になってしまいます。君以外には、音楽の方面で意見を交わしてくれる人はいません。私は日々老いていきますが、もっと外の空気を吸いたいのです。小さい時は私たちが君を導きました。そして今となっては、父さんが芸術のある分野で落ちこぼれるのを、黙って見過ごさないでください！

君たちの結婚式の日取りがこんなに早く決まるとは思いもよらず、私たちはすることが間に合いません。お母さんは今日丸一日ザミラと母上への贈り物を買うため奔走しました。それでもたぶんザミラのを先に送ることしかできず、来月もう一つ送ります。その理由についてはザミラ宛の手紙を見てください。贈り物が君たちの結婚前にロンドンに届かないことを、お母さんは残念がっています。前の手紙で君が『敦煌壁画選』を持っているかどうか尋ねましたが、私はこれを君たちへの結婚記念品として贈りたいと思います（来週印刷物として発送します）。

息子よ、君は今や正式に人生の重要な段階に踏み出したのですから、すでにいろいろな事柄について、真剣に熱心に考えていることでしょう。私たち中国人は結婚――いわゆる一生の大事――に対して、西洋人よりずっと慎重ですし、君も例外ではないでしょう。しかし夫婦の間は、西洋人の方が私たちよりずっとやさしく、delicate〔デリケート〕です。昔の人のように、賓客のように相敬うという雰囲気が確かにあります（もちろん中には偽の、互いに騙し合うようなものも少なくありませんが）。君もとっくに気が付いているでしょうし、この四か月の婚約期間にいろいろ学んだでしょう。経済的な面については、おそらく適切な心づもりと計画があることと思います。それからもう一つ、お母さんがずっと私と言い争っていて、話を持ち出すのに反対しているのですが、私が思うに君たちは二人とも若いし、特にザミラはそうなのですから、結婚して一、二年の間は家事を覚えるだけでも大変でしょう。一、二年待ってから子供を生むことを考えてみてはどうでしょうか。そうすれば彼女の負担も軽くなるし、しばらく楽にしてあげられるのでは？　お母さんは反対で、子供は早く生んだ方がいい、そのあと生むのをコントロールすればいいと。しかし私が遅目にと言うのも一、二年のことで、十年もというのではないのです。言うかどうかは私次第、聞くかどうかは君たち次第です。知っていることは全て言う、言うならば言い尽くす。友達どうしでもそうならば、親子の間ではなおさらです！　何のはばかることがありましょうか。君はどう思いますか？　私は自分の考えを言っただけで、決めるのは君たちです。たとえ私が言わなかったとしても、もしかするともうこのことを話し合っているのかもしれませんね。ザミラの言うとおり、君たちは一週間ほど休暇を取るのがいいでしょう。いつも思うのですが、ピアノを離れて自然の中に心身を解き放ち、瞑想にふけることは、音楽を理解しよく感じるためにたくさんの利点があります。人は時に自我の束縛から抜け出すことで、新しい感覚や考え方を得られますし、もっと正確に自己批判をすることができるのです。

一九六〇年十二月二日（母より）

愛する聡。結婚式の日取りが決まったと知ってから、私たちは感激と興奮に胸を躍らせて毎日暦を数えています。あなた方の幸せは、私たちの幸せです。いわゆる骨肉の情、子を思う気持ちというものは、心からわが子を愛している両親だけがその味わいを知っています。私たちはいつも思い出に浸って、あなたのこれまでを一通り思い返しています。おむつをして丸々太った様子、いたずらでかわいかった子供の頃、強情で何かと悩まされた少年時代、それからわけもわからぬうちにルーマニアへ行ったこと、そしてショパンコンクールのために出発するまで。幼い頃に受けた厳しい家庭のしつけ、少年時代のがんばり、出国してからの苦労、今日の成功、それらが映画の一つひとつの場面のように、ありありと目に浮かびます。その中にはどんなにたくさんの辛いことが、どんなにたくさんの喜びがあったでしょうか！　今やあなたは人生の頂点に達し、独立して所帯を持つという、一生で最も幸せな時を迎えました。私たち両親はどうして喜びの涙を流さずにいられるでしょう！　とりわけ母親としては、息子がこれから衣食や身辺の細かいことを、ザミラのような理想的な人に面倒を見てもらえる、もう決して孤独ではないのだと思うと、これで肩の荷を下ろし、すっかり安心することができます。かわいいザミラ、私たちは手紙でお互いを知ることしかできないけれど、彼女が素朴で、やさしく思いやり深く、（彼女は自分の手紙は永遠にあなたの手紙の代わりにはならないだろうと言いました。まあ何て親の気持ちがわかる子でしょう！）、決して浮ついた女の子ではないことがわかります。あなたは果報者ですよ、そして人を見る目があったというものです。最後にいくつか念を押しておきましょう。あなた方二人はずっと仲良く愛し合っていくだけでなく、いつまでもお互いに尊重し、何でも話し合ってください。決して独断で決めてはいけません。生活はまじめに、規律正しく、節度を保つこと。経済的なことはあらかじめ計画を立てて、ふさわしいお金の使い方をしてください。つまり、一時的な楽しみのために衝動にまかせてはなりません。必ずよくよく考えること。あなたはなおさらかっとなってはいけませんよ。もちろん、人生は死ぬまで勉強の繰り返しですから、失敗することもあるでしょう。そこから何か学び取ることができれば、一つ大人になったというものです。

一番残念なのは、両親としての務めを果たせず、あなた方のために何もしてやれないこと。それに結婚式にも出席できないのが心残りです。日取りがこんなに迫っていては、することが間に合わず、贈り物を何にしたらいいのかもわかりません。小包を出すのは制限がとても厳しくて、ごく限られた範囲で選ぶことしかできませんでした。［……］

真の芸術家とは　一九六〇年十二月～

たとえ遠く離れていても、同じ芸術を愛する人間として、息子と精神的なつながりを保っていたいと傅雷は願う。古今東西の哲理を引用した語りかけは、しばしば中国人としての民族性を確認する意味合いを持った。

一九六〇年十二月三十一日〔英語で書かれた手紙〕

愛する息子よ。君は決して恩知らずではないのに、人に滅多に感謝の気持ちを表しません。友人が助けをくれ、世話をし、見守ってくれるのに対し、いつも物質的なお返しをする必要はなく、心のこもった手紙を書くだけでもその人を喜ばせ、満ち足りた気分にさせることができるでしょう。それなのに、なぜ時間がないことを口実に、うんともすんとも言わないのですか？　私がこの二年ほどブロンスタイン夫人とやりとりしていないのにはちゃんとわけがあることを、君も知っているでしょう。沈黙は誤解を招きやすく、私たちがけろりと恩を忘れたと思われてしまいます。人としてどうあるべきかわかっているはずなのに、この怠け癖をどうしても改めることができないのですね。誰しも多かれ少なかれ怠け心がありますが、君の怠け心と悪い癖を道徳によって正さなければ、どうやって私たちが説いてきた信条を実践できるでしょうか。「まず人であれ。それから芸術家であれ。その上で音楽家であれ。最後にピアニストであれ」。

一九六一年一月二十三日〔英語で書かれた手紙〕

愛する子供たちへ。［……］敦煌の壁画は中国絵画の最も優れた部分を代表していると私は思います。部分的には明らかにインドの仏教芸術の影響を受けていますが、そのほかの日常生活の場面を描いたものは、確かに並ぶもののない非凡さがあります。創作として新しい工夫をこらし、観察力は細かく、手法は大胆であか抜けています。これらの絵は全て、その時代その時代の名も知れぬ画家によって描かれました（壁画全体の年代は五世紀にわたっています）。これらの画家は、歴史に名を残すほとんどの文人画家と比べ、創作力と生命力に満ちあふれています。真の芸術とは、時が経っても新しさがありますが、それはこのような芸術がどの時代の人々に対しても影響力があるからです。反対にいわゆる現代画家（ザミラの手紙に書いてあったような）とは大多数が詐欺師のようなもので、風流人を気取る愚かな人々からお金を搾り取ることしかできません。彼らが誠心誠意絵を描いているとは絶対に思えません。イギリスには「にせ画家」がいたり、「鉄くずで彫塑を作り一等賞を得る」ことがあるそうですが、本当なのですか？　人は理性を失うと、こんなふうになってしまうのでしょうか？

最近ジェヴィエツキ先生からの手紙を受け取りました。去年の夏肺炎を患ってから、まだ完全に治っていなくて、今もサナトリウムで療養中だそうです。先生が特に指摘されていたのは、聡がイギリスで録音したレコードで、ショパンを弾くのに retardo 〔リタルド、主旋律の進行をわざと少し遅らせて他の声部とずらすこと〕を強調し過ぎたところがあるということです。——例えば、Ballad〔バラード〕を弾くのに原曲より二分も長くかかっていたとか。ジェヴィエツキ先生いわく、聡がポーランドにいる時は、このような傾向を抑えるようにしていたが、現在はいつものくせが戻ってしまったようだと。演奏がその時の気分に強く左右されることは私もわかりますが、それでも聡の retardo mood〔リタルドの状態〕が頻繁に表れ過ぎることは、否定できません。長年、私も先生と同じように感じていましたから。愛する息子よ、よく気をつけて、個人的な考えや感情におぼれ過ぎないようにしてください。君はいつでも自分の録音を聴くことができるのでしょう（家にはきっとレコードを揃えてあるはずですよ）、テンポの面では自分に厳しくすればするほど良いのです！　ザミラはこの点で君をチェックしてあげられるはずです。何かにこだわり過ぎてすんなりといかないという欠点は、例外なく、特定の好みや適切でない感情があるのに気付かないか、または固執しているのにそれを認めないことによって起こるのです。君の仕事がまだスタート地点にあるうちに、この傾向を抑えた方が良いでしょう。ジェヴィエツキ先生はまた、誰か優れたピアニストでありしかも教養の深い芸術家でもある人に、たびたび指導してもらう必要があるだろうとおっしゃっています。君は以前 Annie Fischer〔アニー・フィッシャー、ハンガリーのピアニスト〕に力を貸したことがあるというハンガリーの女性のことを話していましたね。先生は君が彼女に会いに行くよう熱心に勧めていましたが、もう行ったのですか？　まだ行っていないのなら、二月三日から十八日の間は、教えを請いに訪ねて行く時間が十分あるでしょう。どちらにせよ、年長で教養の深い芸術家に指導してもらえれば、君にとって大いに勉強になるでしょうから。

一九六一年二月五日午前／六日午前／七日／七日晩／八日朝

〈……〉君がよく芸術におけるギリシア精神（Hellenism〔ヘレニズム〕）のことを言うので、テーヌの『芸術哲学』第四章「ギリシアの彫塑」の翻訳原稿六万字余りを特に書き写して一冊にとじました。原書には英訳もありますが、神話や史跡、逸話についてたくさん書いてあるので、詳しい注がなければ、読んでもよくわからないでしょう。私の翻訳には一つ一つ注釈がついているので、かなり役に立つと思います。毎日一段落ずつ写して、一か月近くかけてやっと第四章を写し終わりました。いかんせん外国語の原稿を送るのに税関の検査が厳しく、持って行って十日あまり経ってもまだ連絡がありません。いつ送れるのか、はたして送ることができるかどうかもわからないので、がっくりしています。この本はもともと一九五七年に「人文」〔人民文学出版社〕と特約を交わし、王任叔〔人民文学出版社社長〕が上海の我が家までやって来て話を決めたものでした。一九五八年から五九年の間に訳し終わりましたが、それから一年八か月も放って置かれたままです。今は紙が極端に不足しているので、当分刊行される望みは全くありません〔反右派闘争で「右派分子」とされた傅雷は、ペンネームで出版することを拒否したため、一九六一年九月に「右派分子」のレッテルがはずされるまで、一切の翻訳原稿を出版することができなかった〕。

あらゆる芸術の中で、音楽の流動性は最も突出しています。一つには時間的芸術だからであり、二つにはそれが感覚と情緒を最も激しく刺激する芸術であって、個人の mood〔情緒〕と特に密接な関係を持っているからです。楽曲に対する理解と受け止め方は、演奏者がいつ、どこにいて、どのような情緒の時かによって異なります。曲が始まったあとも情緒は絶えず揺れ動き、フレーズの扱いや、音の積み重ね方や、強弱、速さ、抑揚、間の取り方なども、その時々により無限に変化します。聴衆はある作品に対して、日頃の習慣と聞き慣れた印象によって作られた「先入観」を普段から持っていますが、聴衆の情緒が揺れ動くのも、演奏者と変わりありません。音楽を聴く日の気分が、音楽の受け止め方にもちろん大きな影響を与えますし、楽曲が始まったあと、やはり最初の楽句によって反応が引き起こされ、続けざまにとりどりの情緒を生み出すのです。このような変化と演奏者の気分の変化はいずれも前もって予測することはできず、その時になって意識的にコントロールすることもできません。演奏者が表現するものが毎回違い、聴衆の印象も毎回違うのは、自然の理なのです。だから演奏家は高度な客観性に基づいてコントロールすることが必要であり、そうやって一時の情緒の影響をできるだけ減らすようにしなければなりません。聴衆の側は高度に冷静な理解が必要です。批評家の言うことは信じないわけにはいきませんが、全部信じることもできません。これらはいずれも前に述べた何点かの分析から導き出される結論です。音楽が時間的芸術であるからには、一回弾き終われば、その印象についてもう一度考えることは難しく、後になって批評するのは、その正確さに大いに問題があります。また時間的芸術であるがゆえに、批評家が（ある作品に対して）あらかじめ先入観を持っていることは、その正確さにやはり大いに問題があります。まして古い事物や観念、イメージに執着し、新しい事物や観念、印象を排斥するのはよくある心理ですから、演奏家と批評家の距離はとりわけ大きいのです。この点が造形芸術とは異なっており、絵画や彫塑、建築は、形体が完全に固定しているので、作者自身も異なる時間と異なる気分のもとで何度も繰り返し考えることができますし、鑑賞する人と批評家も同様に繰り返し考え、審査を重ね、前の印象や過去の見解を修正することができます。

これまでに述べたことから見れば、演奏と批評にはいずれもちゃんとした基準がないように思えますが、そうでもないのです。演奏家はある作品を何十回、何百回と演奏したあとで、自然により固定した輪郭ができて、流動性はぐっと減ります。聴衆はある作品を数十回聴いたあとで、やはりより安定した印象を持ちます――特にレコードについて言うなら、数十回、数百回聴けば必然的に事実に近い結論を得ることができるでしょう。さまざまに異なる気分も、数十回の中和や修正を経て、極端なものどうしが相殺されたあとは、ある固定した楽曲（レコードであるからには、演奏は固定しており、毎回違うことはありませんし、好きなだけ繰り返し聴いて調べることができます）に対する受け止め方と批評は、平均的でより客観的な価値を持つようになります。個別の聴衆や批評家に、もちろん個別の心理的・精神的・気質的な要素があり、その平均的な印象はやはり客観的とは言えません。しかし無数の「個別の」聴衆や批評家の受け止め方と印象は、さらに相当な期間の大交流（新聞雑誌の批評や、日頃の社交場でのおしゃべり、なかば学術的な討論や論争によって形作られる大交流）のあと、一つの average〔平均〕的な総和を得ることができます。この総合された印象と意見は、ある演奏家がある作品を弾いた出来栄えに対して、大体公平であるか、公平に近いものです――これは民衆と批評家の意見について、その客観的な価値を肯定するための私の考えであり、お母さんと話しているうちに自然にまとまってきたことですが、君はどう思うでしょうか？——私はいつもお母さんとおしゃべりをし、人生や政治、芸術、各種の問題についてそれぞれ感想を述べます。するとしばしば気付かぬうちに思想を整理するちょっとした糸口を得られるのです。この点だけから見ても、お母さんは自分で意識して行うのではないにしろ、確かに私に大きな手助けをしてくれます——一生の伴侶が互いに助け合う中で、多くは知らず知らずのうちになされることがわかるでしょう。君とザミラの間にも、いつもこのような感じがあるだろうと信じています。(五日午前)

昨日敏が冬休みで北京から帰ってきて〔傅敏は当時北京外語学院で研修中だった〕、馬先生が貸して下さったレコードをたくさん持ってきました。昨夜はヴィヴァルディの協奏曲を二つ聴きましたが、明らかにスカルラッティのような風格がありました。敏は「自然の息吹を感じる」と言いましたが、なかなかよく当たっています。楽しそうで明るく、生き生きと伸びやかなムード。風格は品よくあでやか、その境地は純粋で、健康的です。楽観的で邪気がなく、やわらかい堂々としたハーモニーで、心地よいけれど俗気がありません。あちこちに南国の風光とイタリア民族の特徴が表れていて、私はローマの空の青さや澄んだ空気、まばゆい太陽を思い出しました。さらに二千年前のギリシアの風土や人情、美しい地中海やなだらかな山脈に思いを馳せました。そして文明に輝き自然にあふれ、典雅であり素朴でもあった当時の芸術。正にテーヌの本に書かれた境地です。このような音楽を聴くとヘンデルを思い出さずにはいられません。ヘンデルは北欧の人ですがルネサンスの理想を追求し、南国の楽しい気分にあこがれた作曲家でした。君はヘンデルをhumain〔人間的〕だと言いますが、そのとおりです。ヘンデルは人間らしく、人間に本来備わった性格をたくさん残していたので、より健康的でした。彼には異教的な雰囲気が多く、バッハのようにキリスト教の精神に束縛されて、いつも神の足下にはいつくばって泣き叫び、懺悔し、恐れまどいながら祈るようなことはありません。キリスト教はもともと歴史上の特定の時代に、地理上の特定の民族と、政治経済の特定の型があいまって生み出されたものです。時代が変わり、政治経済の状況もとっくに変わり、民族もすっかり変わったのに、不幸にも古い文化――古い宗教があとまで残り、二千年にわたってほとんど全ての西洋民族を支配しているのです。こうして西洋人は今なお矛盾に満ち、アンバランスで、十九、二十世紀と全く合わない精神状態になってしまい、いろいろな部分でルネサンス以来の主要な思潮と相容れなくなりました。私たち中国人の目には、キリスト教の思想がとりわけ病的に見えます。一面では、ルネサンス以後の人々が立ち上がって至る所で自己の独立を肯定し、それが発展して十八世紀の百科全書派が生まれ、十九世紀の自然科学の進歩や政治経済の革命を起こしたことは、人類の前途と進歩、その能力が無限であることを明らかに示しています。しかし同時に相変わらず全知全能の神を主宰として信奉し、人が永遠に神の手から逃れられないかのように考えています。それに加えて、原罪の意識と、天国へのあこがれと、地獄に対する恐怖によって、近代人の精神は永遠に支離滅裂、もつれ絡んで矛盾百出の状態に陥り、それが文化や学問の各面に表れ、彼ら（西洋人）の心を特に複雑でわかりにくいものにしています。異教からキリスト教への変化は、人が健康的から病的に変わったことを示す、重要な転換点だったと私は思います。近代の西洋人に比べれば、私たち中華民族の方が古代ギリシア人に近く、より自然で健康的です。私たちの哲学や文学は、たとえ悲観的な部分でもキリスト教のようにひたすら降伏したりはしないし、今の言葉で言う「敗北主義」でもありません。それは人類が一般に生老病死や花鳥風月に対して持つ感慨であって、例えば古楽府や私たちのあらゆる詩詞に等しく見られる「人生は朝露の如し」といった作品です。あるいは憤激と反抗の表現であり、老子の『道徳教』〔『老子』として知られる書物〕のようなものです。――だからこそ、私たちが西洋芸術の中で最も好きなのは、やはりギリシアの彫刻であり、ルネサンスの絵画であり、十九世紀の風景画です。――つまり非宗教的で、説教くさくない作品です。——君が近年ますますモーツァルトやスカルラッティ、ヘンデルが好きになったのは、たぶん中華民族独特の気質によるのでしょう。精神の発展の方向としては、この路線は正常だし健全だと思います。——特にシューベルトを愛しているというのは、おそらく君が中国文芸のあるタイプを好きなのと関係あるでしょう。それは親しみがあり、安らかで、暖かく、悲しみに満ち、もの寂しい、そしていつも人生に対して深い哲学的意味を持つ沈思黙考です。人生を愛し、人生に執着すると同時に、いつでも飄然と旅に出ることができる。孤高で、洒脱で、俗世を離れ、あらゆるものから解脱する。そんな表現は、漢代、魏晋南北朝や唐・宋以来の文学にしばしば見られるものではないでしょうか？ そしてこれらの要素がシューベルトの作品にも備わっているのではないでしょうか？ ——以上の点について、君の意見を聞いてみたいものです。遠くにあっても私たちの思想の交流や、精神の通い合いに少しも隔たりがないのは、君という遊子が君を生んだ民族や、育んでくれた祖国や、注ぎこまれた文化と永遠に連なり、結び合っていることを象徴しているのでしょう。（六日午前）

ルネサンス以来、各種の古代文化や異なる民族、さまざまな思想感情が大きくぶつかりあう中で、近代人のきわめて複雑な頭脳と心が形成されました。さらに政治経済と社会の急激な変化が起こり（例えばフランス大革命、十九世紀の産業革命、封建社会と資本主義社会の交替など）、人間の精神状態はますます矛盾で一杯になりました。この矛盾のうち最も先鋭な部分は、やはりキリスト教の思想と、個人主義の自由独立・自我拡張との対立でしょう。キリスト教徒でない人の矛盾は、経済的な悩みを反映しているだけなので、その程度はあまりひどくありません。――芸術上の表現でこのような矛盾が特に顕著なのは、おそらくベートーヴェンでしょう。ベートーヴェンとゲーテを比較研究すれば、たぶん私の仮定が実証できます。ベートーヴェンの楽曲の中で二つの主題が対立しているのは、技術的に必要だったからというだけではなく、それ以上に彼の内心の二重性を反映しているのです。そうでなければ、sonata form〔ソナタ形式〕は全て二つの対立する motifs〔モチーフ、主題〕を基本にしていますが、なぜベートーヴェンの作品だけ、二つの異なる主題が始めから終わりまであのように激しく、荒々しく闘っているのでしょうか？　二つの主題のうち、一つはしばしば意志を代表し、力を代表しています。あるいは一種の自我拡張的な個人主義（私利私欲の卑俗な個人主義や、他人の自我拡張を犯すものでは決してありません。誤解はしないでしょうが）と言ってもいいでしょう。もう一つは往々にして荒々しい暴力を代表しています。運命、または神と言っても差し支えないでしょう。ベートーヴェン自身は運命と神を同一視することに決して賛成しませんでしたが、客観的に分析すれば、両者は実は同じものです。闘争の結果はいつも意志が勝ちを収め、人が勝利を得ます。しかし勝利は持続するわけではなく、一つ曲を書くごとにまた新たにもがき苦しみ、闘争しなければなりません。晩年の四重奏に到っても闘争はやはり絶え間なく起こりますが、結論はどちらが勝ったか負けたかということではなく、個人の忍耐や放棄でした。この境地は作者自身によれば、帰依であり悟りであり、解脱と称されますが、実は闘争を放棄しあがきをやめることによって、精神の平和と安らぎ、つまりいわゆる幸福や極楽を手に入れることなのです。一生あがき続けた後にそれをやめるのは、もちろん最初から卑屈な態度で屈伏するよりはずっとましですし、「自我」も確かに大きく拡張しているでしょう。しかしまた同時に「自我」が無限に拡張していくことはできないことを証明し、最後には「自我」が結局は取るに足りないもので、闘争の結果が空しく、真に得ることができたものは悟りだけであることを認めたのです。闘いが無益であり、運命や神と和解し、妥協する方がよいことを悟ったのです。もちろん私はベートーヴェンの闘争をやや単純化していますが、おおかたはまちがいないでしょう。ここではこの問題を専門に研究するわけではないので、ある部分はただ大まかに言ってみました。――君がこれまで何度も手紙で言っていた、ベートーヴェンの最後の解脱が不徹底であるという話は、今言ったような意味ではないでしょうか？――キリスト教の思想が西洋民族を一千三、四百年（ガリア人がキリスト教を信仰し始めた時から数えて）にわたって統治しなかったなら、現代のヨーロッパ人の精神状態は決してこんなに複雑にはならなかったと、私は信じています。複雑になったとしても、他の性質のものだったでしょう。例えば私たち中華民族は、この半世紀来西洋文化に接触してきたため心が日ごとに複雑になりましたし、また人生の無常に対しては古より今に到るまで感慨や悲嘆を持ち続けています。が、それでも私たちの心の矛盾は、宗教信仰と現代精神（自我拡張）の矛盾とは決して比べものになりません。生死に対する私たちの感慨には、じりじりしながら天国を待ちこがれ追い求める気持ちがまったくないし、永遠に地獄に落ちることへの恐怖や不安もありません。だから私たちの哀感は単に生物の本能から出たものであって、熱に浮かされた頭でかずかずの極めて快楽的な幻想と極めて恐ろしい幻想を作り出し、それによって自分自身を誘惑したり、逆に脅しつけたりすることはありません。同じ苦悩でも程度の差が大きく異なり、健康的と病的の違いがあるのは、おそらくこの要素によって決まるのでしょう。

中華民族は古来自我の拡張を追求しなかったし、人間をあらゆるものの上に位置するとは見なしませんでした。哲学や文学における表現には、人間が自然界で万物の中に相応の位置を占めること、つまり決して万物を統治せず、万物を使役する主宰でもないことが反映されています。だから私たちの苦悩は基本的に西洋人より少ないし小さいのです。なぜなら苦悩の大小は欲望や野心の大きさによって変わります。農業社会の人は工業社会の人より享受するものがずっと少ないので、欲望も小さいのです。ましてや中国は古代以来物に執着せず、物に支配されないことを最も重要な人生哲学としてきました。私たちの中に守銭奴がいないわけではありませんが、例えばモリエールやバルザックの描いた守銭奴や野心家と比べたら見劣りしてしまいます。中華民族の大多数の者は性格が穏やかで淡泊、素朴で、西洋人よりも容易に満足することができます。ほかの面では仏教の影響も大きいですが、天国と地獄を説くのは仏教では小乗（浄土宗）だけで、あまり知識のない大衆向けに作られたものです。本来の仏教の教理では天国地獄が本当にあるとは信じていないし、理性の上で悟りを求め、済度を求めます。悟りとはこの世が幻であることを体得することであり、済度とは苦痛や煩悩から解脱することをいいます。出世思想といえども、熱烈に幸福を追求するよう励ますわけではないし、あわてて地獄を逃れようという恐怖を与えるわけでもありません。それは主に智恵を身につけるよう教えているのです。仏教の智恵はキリスト教の信仰とは鮮やかな対比を成しています。智恵は人間を自ずから目覚めさせ、信仰は反対に偏執と熱狂の道へ導きがちです。私たちの民族はもともと智恵を提唱していました（中国人の理想は智恵を追求することであって、信仰の追求ではありません。古の人は悟りを貫くことを説いてはいますが、信仰を人生の楽しみ――これは正に西洋人にとっての幸福です――と定めたことはありません。君はヘンデルがバッハより高いとし、前者は智恵の結晶で後者は信仰の結晶だと言います。この考えの根本にも私たちの民族性が反映されています）。したがって知識人は仏教の影響を受けはしても悪い結果は生みませんでした。仏教は南北朝時代に中国で隆盛を極めましたが、愚かな男女の盲信は我が国の文化史上に何の害毒も残さなかったし、知識人が虚無主義に陥ることもありませんでした（仮に短い一時期そうだったとしても、歴史上に大きな害はありませんでした）。反対に、漢代に儒家を唯一の正統として百家を排斥し、思想が停滞に陥った後は、仏教思想の輸入がかえって精神に刺激を与え、人々を麻痺から覚醒させ、狭隘な一家一派の束縛から解放しました。紀元二、三世紀の思想状況のもとで、これは喜ぶべき現象でした。むしろ中国の知識人にとって最も大きな束縛となったのは、ひからびた礼教です。南宋の理学（程子や朱子〔程顥・程頤兄弟と、その学問を受け継いだ朱熹〕）に始まり清朝の末年まで、ひたすらしきたりを守り、一日中反省ばかりし、礼のきまりに背くことだけを恐れる凝り固まった頭を作り上げ、口先ばかりのにせ道学者やにせ君子を育てました。次の大きな束縛は明清両代の科挙制度で、精神を縛っただけでなく、気骨も能力もある人々を、功名や官位を求めるのか、それとも真に自己を高め学問を究めるのかという矛盾の中で悩ませたのです（これは『儒林外史《じゅりんがいし》』〔清の呉敬梓の小説。科挙試験に翻弄される人物を生き生きと描く〕に反映されています）。——しかしこの種の矛盾は決して近代西洋人の矛盾のように心身を害しませんでした。私たちの社会の進歩は緩慢で、資本主義制度の発展は断続的でした。封建時代の経済基盤が終始存在し、封建時代の道徳観、人生観、宇宙観から一切の上部構造までが、この百年間なお大きな勢力となってきました。そのため人々の精神状態や思想の状態は、資本主義が高度に発達した国家の人々のように混乱し、複雑化し、病的になることはなかったのです。私たちは欧米人より一面では遅れていますが、一面では単純で、より健全だと言えるでしょう。——民族の特性や伝統的な思想、経済制度などの各面から見て、私たちと西洋人を比較した場合常にこの二重性があります。五四運動以来、情勢は急激に変わり、西洋文化の輸入は私たちの頭脳に大きな混乱をもたらしました。正に「帝国主義的資本主義」の侵入が半封建半資本主義社会の崩壊を促進したのと同じように。私たちは近代西洋人の悩みに感染し始めましたが、幸い期間は長くないし、宗教の影響によって思想に重大な影響が及ぶことはなく（西洋の宗教は買弁階級〔主としてアヘン戦争以後、外国資本が流入する中で、外国商人と中国商人を仲介することで利益を得た人々〕や一部の遅れた地域の農民にしか影響を与えなかったし、それも深刻ではありませんでした）、したがって現代的な苦悩があってもさほど先鋭にはなりませんでした。私たちは昔ながらの東洋思想と東洋哲学を持っており、それが西洋文化を批判する尺度となったのです。もちろん今まで述べたのは特に解放前までの時期に限った話です。解放後の情勢は大分違いますが、それはまた今度話しましょう。しかし解放前の私たちの世代の思想状況を君も受け継いでいますし、それもかなり深く染みついています。西洋の芸術や思想、社会に対する君の反応や批評の根底には、私たちの世代（君より一世代前）の思想が横たわっていると思います。それに加えて解放後の新しい社会が君に与えた理想が、西欧の旧社会に対する時に、別の見方や別の感覚をもたらしています。——もし私のこのような歴史分析（それがどんなに一面的で不正確なものだとしても）から君の今の思想感情を分析すれば、内心の苦悩の激しさをだいぶやわらげることができるかもしれないし、矛盾が君の心身の健康とバランスに悪い影響を与えないようにできるかもしれません。さてどうでしょうか？（七日）

人はもし苦悩もなく、矛盾もなければ進歩しません。矛盾があって初めてそれを解決するよう迫られるのだし、ひとつ矛盾を解決することで一歩大きく前進するのです。年を取って矛盾が減るのは、生命が終わろうとしている証拠です。何も矛盾がなく落ち着いた状態は高い理想であるだけで、それが本当に実現したとしても良いことだとは言えません。修業の努力で達した平和や静けさは非常に短い間しか持たず、波の先端のように一瞬の後には過去になってしまいます。あるいは理想的な平和や静けさとはさざ波が揺らぐようなものでしょう。矛盾があってもあまり先鋭ではなく、時に応じて解決できるといった精神の境地は、決してよどんだ水たまりではありません。よどんだ水が何の羨ましいことがありましょうか？　苦悩があっても悲観的・厭世的にならず、矛盾があってもそれを解決できる（少なくとも理論上、認識上一つの結論が得られる）としたら、苦悩や矛盾は恐れることはないでしょう。避けなければならないのは苦悩によって心身に異常を来すことであり、世の中に対して不遜になり人生を遊びのように見なす態度です。見方を変えれば、人を最も傷つけるもの（自分や他人、個人や集団を等しく害するもの）は passion〔激情〕から発した苦悩と矛盾です。例えば名声を得ることに熱中するが得られない人や、野心を抱いているが明らかに実現できない人、いつも他人をねたみ、恨んでいる人などは、苦悩が自分も他人をも害しているのです。劣等感や自己耽溺から生まれる全ての苦悩は社会にとって不利益だし、自分にとっても致命的です。反対に、時局や国を憂え、個人の打算のためでなく社会の福利や人類の前途のために感じる苦悩は、出発点が正義であり、理想であり、熱愛であるために、矛盾があったとしても自分や他人を害することはありません。かえって自分がいささかの貢献をしなければ、という気にさせてくれます。しかしこのような苦悩も智恵によって解決しなければならないし、少なくとも苦悩している間は明哲の教訓を忘れないようにしなければなりません。それでこそ悲観や絶望に陥らず、色眼鏡でものを見ることもないし、健康な心を保ちつつ人生の中で闘っていくことができるのです。——ただこうすることによってのみ、個人の苦悩を生き生きしたエネルギーに変えることができ、単なる世を憤り憎む消極的な要素にせずに済みます。なぜなら世を憤り憎むことは矛盾の解決にはならないし、自己を前進させることにもならないからです。したがって一つの結論が出ます。普段から苦悩や矛盾を恐れないこと。ただしこの苦悩と矛盾によって決して私たちの明るい気持ちが妨げられてはなりません。（七日晩）

ポーランドにいた時手紙で、芸術家は single-mindedness〔ひたむきさ〕が必要だと話していましたね。自分の関心をある時間別のものに向ければ、芸術の追求がその時間の分だけ足りなくなってしまうと。当時君の話は、特定の問題について言ったものでした。私にはとてもよくわかりますし（切実な経験から）、ある学問を厳格に究めようとするなら必ず全身全霊を投じなければなりません。芸術——特に音楽は、現実の反映の仕方はとても間接的で、思想感情をemotion〔感情〕に転化して初めて音の中に表現することができ、この醸成の過程で、長い時間がかかります。ひとたび外界から邪魔されると、醸成の過程が延びてしまい、中断されてしまうかもしれません。音楽家が特に集中（いわゆるsingle-mindedness）することが必要なのは、ここに理由があります。音楽は時間的芸術ですし、表現するのは流動性が一番大きいemotion〔感情〕で、それもよくあっと言う間に消えてしまいます——不幸にも、二十世紀に生まれた人は、頭の中がいろいろなもので一杯で、世の中でもまた多くのものがいつも注意を引こうとしています。人は結局社会的な動物ですから、世の中と完全に隔絶することはできません。世の中と隔絶したどんな芸術家も生命を持つことはできず、民衆の共感を呼ぶことはできません。いつも社会と接触を持ち、それでいて頭脳を冷静に、心を穏やかに保ち、同時に芸術に対する新鮮な感覚と一心不乱の注意力を保つことは、確かにとても難しいことです。君もおそらくもうそれに気付いているでしょう。しかし以前君はひたすら外界を排斥する方法を採っていたようですね（実際にはそうはできませんでした。なぜなら君は人生や世界に対して感慨や苦悩がとても多く、とても激しかったからです）。実はわきめもふらず芸術に浸ることは、大変健康的なやり方であるとは言えません。何度も忠告してきましたが、音楽だけに頼って音楽を育てることには大きな弊害があります。君の気質から言って、しばしば自然を味わいに出かけたり、折りに触れ造形芸術を鑑賞して調節する必要があると思います。もし毎月一回は郊外にピクニックに出かけ、一回は美術館に出かければ、精神がもっと愉快に、もっとバランスが取れるだけでなく、君の音楽の表現もより豊かに、生命力にあふれ、新しいスタイルが現れるでしょう。愛する息子よ、何が何でも試してみるべきです！〈……〉（八日朝）

家族の絆

一九六一年九月〜

傅聰やザミラ、そして次男の傅敏を含めた若い世代へ、親としての熱いメッセージは尽きることがない。それは自らたどってきた道のりを振り返る作業でもあった。

一九六一年九月十四日朝

［……］仕事がそんなに忙しくて、ザミラとおしゃべりをする暇はあるのですか？　私はどんなに忙しい時でも、一日に十分か十五分お母さんとしゃべらなければ、まるで宿題を一つとばしてしまったような気になります。時事的なこと、人生の大小の事柄についての感想、文学芸術に対する考え、本を読んで思ったこと、翻訳上の問題、君たちの手紙、君のスケジュールなど……何から何まで話さないことはなく、あれこれと脈絡もありませんが、話しながら自分の考えを整理して糸口を見つけ、しっかりまとめることができます。またお母さんが文化や芸術、人生哲学について、ここまでついてこられるようになったのは、ある面では長年のおしゃべりを通じて鍛えられてきたからだとも言えるでしょう。去年の秋、君は手紙でザミラを教育することに触れていましたが、実際はどのようにしているのですか？　父さん母さんの数十年来の経験と生活スタイルは、参考になる部分があるかもしれませんね。以上に書いたような日常のおしゃべりが、人を感化する一番よい方法です。食前食後、または午後お茶を飲む時（君たちもイギリス人のようにtea〔紅茶〕を飲む習慣があるでしょう）、自由に意見を交換すれば、お互い気付かぬうちに得るところが少なくないでしょう。啓発し、批評することは、おのずと自分を高め、相手をも高めます。忙

しいからと言って、それぞれの小さな世界に閉じこもっていてはなりません。とりわけ若い女性は精神的な孤独を嫌うものです。共通の理想や情熱は、長い時間をかけて育てることが必要で、気持ちが高ぶった時に口にした言葉だけでは持たせることができません。大上段に構えて道理を語るより、日常のちょっとしたひと言ふた言の方がずっと効果があるのです――その言葉に人としての道や処世の原則が貫かれているならば。息子よ、仕事に没頭しているからといって自分の定めた目標を忘れないでください。音楽という芸術のために、生活という芸術をおろそかにしないでください。ザミラは若く、まだ基礎もしっかりしていないのですから、君が辛抱強く、熱心に彼女の面倒を見て、人生の細々したこと、勉強や教養のこと、愛情のことなどをよく観察し、分析し、考えなければいけません。そして深く誠実な愛を原動力とし、冷静な理性を行動の指針として、教え、導き、一緒に歩むのです！　こうする中で何か難しいことがあったら、ぜひ私たちに知らせてください。解決できるよう知恵を絞りましょう。君は音楽芸術の中では成功あるのみ、失敗は許されませんせん。人生という芸術、結婚という芸術の中でも成功あるのみ、失敗は許されません！これは父さんと母さんの最大の関心事であり、君の一生の幸福に関わることです。わかっているでしょうが、君のような性格の人は、人生と芸術を分けることはできません。だから君の芸術のためにも、家庭生活と夫婦生活は円満にすることが大切なのです——言いたいことは尽きませんが、どうか私たちが君と、君の芸術を心から愛していることを理解し、行動の上でちゃんと実践してください！

私はいつもザミラの助けになりたいと思っていますが、やり方が下手だとわかっているし、手紙に説教口調と家長づらが表れてしまうのではないかと心配です。若者は中高年に対して違った見方をしますし、特に西洋の若い奥さんはそうです。私の手紙にザミラがどんな反応をするか注意してください。もし彼女が私のことを古くさい、くどくどうるさいなどと思っていたら、すぐ教えてください。今後の手紙では言い回しを工夫します。決して腹を立てたりしませんし、ぜひ彼女の反応を見て教え方を調節したいと思うのです。どうか事実をそのまま、何もないように取り繕ったり、真相を歪めたりしないでください。あとになれば、こういうやり方はひどい弊害を生むだけですから。君が彼女とうまくいかないことがあったら私たちが言い訳をし、仲裁してあげます。彼女が私たちとうまくいかなかったら、君が言い訳して仲裁してください。こうしてこそ「一つ舟に乗り合わせて助け合う」というものです。私が中国語の手紙に書いたことは、君がいくつか選んで彼女に話してください。敏の様子について書いたことも話すといいでしょう。これを「からめ手から説く」といい、私たちのことをもっと理解してもらうのです。彼女が家事や雑用や、家の内外のことで手が離せないのがわかっているので、これまで勉強の面では何も催促しませんでした。君が経済的に安定し、早く生活の基盤を作って、演奏会を減らすようにし、家の中にゆとりを作れるようにとしばしば願うのは、一面ではザミラの勉強のためです（誰かに勉強させたかったら、それにふさわしい時間を与えなければなりません）。森や郊外に散歩に行ったり、博物館に名作を鑑賞しに行ったりしなさいと勧めるのは、おおかたは君のためですが、ザミラのためでもあります。自然や造形芸術にたくさん触れることで、知らないうちに心が落ち着き（昔の人が言った「胸中の俗世のちりを洗いすすぐ」とは、たぶんこの意味でしょう）、精神と心の健康が保たれます。あらゆる生き物の中で自分が「万物の霊長」であるという考えを捨てることで、初めて思い上がりがなくなり、金にまつわる俗っぽい夢を持たず、無欲でこだわりない度量が養われ、同時に人に同情する心が深まるでしょう。また先人の残したものを鑑賞し、人類の偉大な創造を見ることによって、目の前の情勢に悲観的になることなく、自分を鞭打ち、できる限りを尽くしてこの世に生きたあとをいくらかでも残そうと思えるようになります。これらは自然と造形芸術に触れるメリットのほんの一部です。あとは君たちが自分で体験してください。

一九六一年十月五日夜（母より）

〈……〉息子よ、あなたとお父さんは似たところがとても多く、日常生活までそっくりです。ずっと家に閉じこもってピアノを練習し、レコードを聴いていると、どうしても単調になるでしょう。外へ出かけて、博物館でも見たらと言うのは、息抜きをし、精神生活を豊かにしてほしいと思うからなのです。あなたの主観的で、頑固なところは、お父さんに勝るとも劣らないようだし、この点私は絶対ザミラに同情的です。私の受けた苦しみを次の代の人に再び味わわせたくないですから——小さい頃から私のそばで、いろいろな場面を見てきたでしょう。あなたはお母さん子だったし、お母さんを一番よく理解してくれるはずです。私がお父さんの気性を全て受け止め、逆らわなかったのは、ちゃんと理由がありますす。私はお父さんをわかりすぎるほどわかっているし、お父さんがいつもひねくれていて、悪を激しく憎むのには、わけがあると知っているからです——昔お祖父さんが地元のボスに迫害され、わずか二十四歳で鬱々として亡くなってから、残された母子（つまりお祖母さんとお父さん）は惨めでわびしい日々を送りました。修道院のような子供時代は、思い出したくもないものでした。大人になってからは孤軍奮闘、真理を愛し、あらゆる非合理的な伝統と血も涙もない礼教を憎み、人柄はまっすぐ正直で、仕事に対しては全力で取り組んでいます。私はお父さんを愛していますし、心から許しています。家庭の幸福のために、子供の幸福のために、そして仕事に対するお父さんのたゆまぬ努力が実を結ぶように、私は自分の利害を超えて、大局に気を配ってきました。お父さんはいつも自分の悪い性格があなたに影響を与えないかと心配していて、だから私たちはあなたが早めに気をつけて、自分を抑えてくれるよう願っているのです。我が家の先祖にもたらされた悲劇の烙印がこれ限りとなるように。それはあなたが終止符を打ってこそ、あとの代で再び繰り返されることがなくなるのですから。〈……〉

一九六二年三月八日〈傅敏への手紙〉

愛する息子よ。［……］自分の恋愛経験、文学芸術の中から学んだこと、そして数十年にわたり友人たちの出会いや別れを目にして日頃から考えてきたことがあります。だから子供たちの一生の大事にあたって、よその両親よりもっと意見を言う資格があるでしょう。［……］

まず態度と気持ちをできるだけ冷静に保つこと。そうでなければ正確に観察することができません。付き合い始めた頃は気持ちが高ぶりがちなので、印象にまかせて相手の長所しか目に入らず、欠点が見えません。ひどい場合は長所を誇張し、欠点を美化してしまいます。同性の友人と付き合うのでもそうなのですから、まして異性とではよくあることです。多くの若いカップルが結婚前はうまくいっているのに、結婚してからは次第にずれ始め、果てはいがみ合うようになるのはこれが原因です。感情が高ぶっている時は耳が聞こえず、目も曇って、相手がよく見えません。自分のことも無意識によく見せようとし、欠点を隠してしまいます。冷静さを保つことにはもう一つのメリットがあります。つまり恋愛のために仕事をおろそかにすることがないし、勉強に悪影響を及ぼしたり、時間を無駄にし健康を損ない、さまざまな曲折に心を乱されることもありません。

冷静さというものは、表面的な行動だけではなく、心の持ち方と考え方にとっても必要なことです。もちろんこの点が難しいでしょう。人は結局のところ人であり、気持ちが高ぶると抑えることは難しく、恋愛経験のない若者は心身のバランスを取ることがもっと難しいでしょう。これはその人の気質とも関係がありますが。私は平生事にあたって落ち着いていられず、すぐ激高するのが大きな欠点です。幸い事のあとは客観的に分析できるし、あれこれ考えるので、その時の感情を引きずらずに済み、収拾がつかなくなることもありません。言っておきたいのは、その場で自分を抑えられないなら、あとで必ず理性によって大局を掌握しなければならないということです。正すべきは正し、謝るべきは謝り、収めるべきは収める。つまり以上の二点をまとめれば、感情は必ず理性でコントロールしなければならないということです。そのためには、修練を重ね実際の生活の中で時間をかけて訓練しなければなりません。

私は一生のうち一度も「恋愛至上」的な考えを持ったことがありません。「真理至上」、「道徳至上」、「正義至上」、これらを身の処し方の原則とすべきです。恋愛が情熱的に盛り上がっていようとも、この原則に背いてはなりません。友達でも、妻や恋人が相手でも、重大な局面に出会った時、真理や道徳、正義等々に関わる問題では、絶対に譲ってはなりません。

次に、人間は複雑な動物なので、観察を決しておろそかにしてはなりません。我慢強く、細かい部分もじっくりと観察し、相当な時間の間に様々な事柄と場面を経験して、どんな時でも科学的な客観精神と慈愛深い同情心を併せ持つことが必要です。相手の長所については、本当に信頼できるものかどうか、自分が想像で作り上げたものではないか、または誇張していないかを見きわめます。欠点については、本性と関係あるかどうかを見ます。

本性に関わる欠点は、他のさして重要でない長所でまぎらわしてはなりません。大きくない欠点についても、改めることができるかどうか、ひどくなった場合品性や日常生活に影響を与えないかどうか判断する必要があります。人はみな欠点を持っており、恋愛中の男女もお互い様です。問題は完全無欠な相手を探すことではなく、互いの欠点を知り、認め、徐々に改めようとし、互いに許し合える伴侶を探すことです（ここが重要。二人の間で許せる欠点もありますが、許せないものもあり、のちに溝を作ります）。一番いいのは互いにできるだけ無理をせず、ふりをせず、自分の本当の姿、つまり長所や欠点を全て相手に見せることです。長所だけでなく必ず欠点も見せ合い、いずれも我慢できる、大局には影響しないと思った時、初めてもう一歩先に進めるでしょう。でなければ普通の友達になるだけです。しかし互いの長所短所を全て見つけるには、かなり長い時間が必要ですし、大小さまざまな出来事を経て検証しなければなりませんから、決してあわてないこと！　まして簡単に結論を出してはなりません（よい結論でも悪い結論でも）。努めて正直にしてこそ自分がさらけだされますし、自分の欠点をさらけ出すのは早ければ早いほどよく、遅ければ遅いほどまずいことになります。恋愛を成功させるためにできるだけ自分の欠点を隠そうとする人は実は愚かなのです。もちろん、恋愛中知らず知らず自分のよい面が表れ、自然に欠点が隠されるのは別の問題です。これは人の本能ですし、愛が私たちを進歩させ、善と美の方向に発展させることを証明しています。これこそ愛の偉大なところですし、古今東西の詩人が愛を歌い上げる大きな理由です。小説家がしばしば取り上げ、私たちも生活の中で一度ならず経験することですが、恋愛中の男女は往々にして普段よりも聡明です。本を読めば理解も早く、心持ちもとりわけ善良で、自分の幸せのために他人にも幸せになってほしいと願うし、他人の苦しみを減らしてやりたいと思うものです。同情心が深くなることは愛の尊い表れです。また気持ちの上ではもちろんうまく行くことを願っても、客観的には万一だめだった時のために心の準備をしなければなりません。失恋などの苦しみを避けるために、この「分別」を始めから十分身につけておくこと。一番良いのは相手を過度に評価することなく、全てを自然にまかせることです。

つまり、何事もあわてててはだめですし、事が重大であるほど、心は穏やかに、態度は落ち着いて、よく考え、十分観察し、努めて客観的であること！　感情はすぐ頂点に突き当たりますし、どんな物事のピーク（最高潮）もほんの短い時間しか持ちません。いつまでも深く長く続く友情とは難しいものです。［……］

長所短所のほかに、二人の性格や気質が合うかどうかも重要です。気が強いか弱いか、従順か頑固か、のんびりかせっかちかなどの違いは互いに適応し調節することができるでしょう。そのほか立ち居振る舞いや話し方、声……などには数え切れないほどの小さなくせがあり、男女の仲に大きな影響を与えます。これらを見きわめるには冷静に観察しじゅっくり考えること。試練に耐え抜くとは、有形無形の批判と自己批判を繰り返すことを言うのです（人の一挙一動に対して起こる反応こそ無形の批判です）。詩人はいつも愛は盲目だと言いますが、盲目でない愛は結局はより健全で信頼できます。

人生観や世界観についてはみなわかっているでしょうから、話す必要はないでしょう。人の品の良し悪しと度量の広さには特に注意が必要です。私の経験によれば、品の良し悪しと度量の広さは往々にして生まれつきのもので、あとから直そうとしても低いレベルを高いレベルに引き上げることはほとんどできません。だから交際期間は相手が自分に勝るところを持っているか、自分の進歩を助けてくれるか、かえって自分の足を引っ張ることにならないかに注意するべきです。小さい頃から我が家の気風を見慣れてきたので、狭量な性格には我慢できないでしょうね。

以上話したことはみな大まかな原則の問題です。［……］

容貌や背丈は大きなポイントとは言えませんが、美を愛する人にとっては軽視し過ぎるのは考え物です。
交際している間はできるだけプレゼントは少なくし、お金をかけないように。自分の恋愛観が物質的なこととはあまり関係ないことを示すためであり、また相手を試すためでもあります。

一九六二年三月十四日〔傅敏への手紙〕

敏、愛する息子よ。［……］理想も情熱もあり、理性の強い人はしばしば他人から距離を置かれます。たぶん君もつい数年前までは私に対してそういう感じだったでしょう。去年兄さんが手紙でこう書いていました。「お父さんの文章は一字一句が情熱にあふれていて、こだわりが強く、almost fanatic〔ほとんど狂信的です〕」。最後の一言は特に当たっていますね。これが私の長所でもあり、短所でもあります。理想が高く、情熱が強いので、至る所に先生のような説教口調が表れてしまいます。しかし息子よ、怖がる必要はありません。私は五十を過ぎて、世間に対して淡泊になりましたし、生まれつきこだわりのない一面、つまり中国人の民族性である「老荘」精神も持ち合わせています。つまり執着する時はとても執着しますが、こだわりを捨てる時は生死すら構いません。子供たちに対しても、言うのは私の自由、聞くのはそちらの自由だと思っています。ただ責任感が強く、善悪のけじめにうるさいので、目に入ったことは言わずにおれません。兄さんは別の手紙でこんなことも言っていました。「この decadent〔退廃した〕世の中で、外国で過ごしたこれまでの年月に、人物 whom I admire and love, from whom I learn〔敬愛し、学ぶに値する〕に多く出会ったけれど、at the same time passionate and serene, profound and simple, affectionate and proud, subtle and straightforward〔激しいと同時に穏やか、考え深いけれど飾り気ない、人には優しくかつ誇り高く、細やかであるが率直な〕境地に連れて行ってくれる人にはいまだお目にかかっていません」。彼は私の「両面性」をよく理解し、中国古典文化の両面性もわかっているようです。激しいと同時に穏やか、考え深いけれど飾り気ない、人には優しくかつ誇り高く、細やかであるが率直である、というのはわが固有の文化の精華であり、誇るに値するものです！

　もちろんこれらの特質を私が完璧に備えているわけではないし、ほどよく身についているというわけでもありません。ただそのような傾向は強いし、私がその境地を生涯かけて追い求めているということなのです。例えば、私は人類に対して崇高な理想と希望を抱いていますが、同時に天文学や地質学の観点で人類の進化について考えることもあります。ひと頃はよく「宇宙」思想で大きな事柄を見ようとしましたし、人類を万物の霊長と見なすこともなく、この世のあらゆる生き物の中で「人間が一番偉い」と考えるのは思い上がったおかしなことだと感じていました。何か大きな原則に賛成し、確信を持っていても、具体的な事柄やそれを実行する場面においては、異なる意見もたくさん持ちます。善悪美醜に対する愛憎が強いので、一つの悪い作品のために、社会の不合理な現象のために激怒することもありますが、あとになれば平静に分析し、理解し、個別の事情のためには許す気にもなれます。私は真理に執着していますが、時には懐疑的になりますし、目の前の真理にしがみつくことで逆に自分を停滞させ、より高い、より進歩した真理に届かないのではと思ったりもします。これらはついでに話してみたまでで、父さんの複雑な心理を理解してほしいし、また人は知識を持つほど単純ではなくなり、わずかな面から判断することはできないことをわかってほしいと思ったからです。

前の手紙で言った原則に君も彼女も賛成してくれたようで嬉しいです。着実に実行し、共通の理想（個人の幸福と、集団のために自分の力を尽くすことの二つを含む）のために励まし合いながら一歩一歩がんばってくれますように。多くの問題は実践の中で初めて真の認識が得られます。理性的認識だけでは、表面的で、信頼できず、暴風雨のような試練に耐えられません。［……］小さい頃から両親にあまり厳しくしつけられなかった若者には、また別の長所があります。独立自主の力が強い、つまり君が言うように自分で自分を管理できるということです。しかしやはりある部分は、先天的なものが後天的なものより大きいでしょう。覚えているでしょう、私たちがこの数十年君を教育してきた中でたとえ欠点が多かったとしても、仕事や家事をする上で規律を守り、秩序を守るなどの面では甘やかしたことはありません。私とお母さんが君に示した手本は、やはり勤勉で真面目でした。

［……］私たちは人生を半分過ぎても、人としていまだ完全ではなく、欠点も数多いのですから、どうして他人を厳しくとがめられるでしょうか？　しかし昔の人も言っています。「最上のものを手本としても、中程のものしか得られない。中程のものを手本としても、下のものしか得られない」。私が若い人々に対して、そして自分自身に対してこうあらねばと思うことは、苦労に耐える（肉体的に、物質的に）ことを除いては、党が党員・団員〔中国共産主義青年団のメンバー。中国共産党の予備軍として重要な役割を果たした〕に要求することに比べ決して低くはないことを、君もわかっているでしょう。私たちみなが絶えず自分を高めていけますように。学識だけでなく、とりわけ教養と品性を！

父となった息子へ

一九六四年四月〜

傅聰が父になるという知らせを受け取った傅雷夫婦は、楽しい想像に胸をふくらませる。しかし、傅聰が生活の安定を得るためついにイギリス国籍を取得したことは、故国の両親に大きな打撃を与えるのだった。

一九六四年四月十二日

〈……〉おとといふと思ったのですが、もし女の子が生まれたら、外国語の名前はGracia〔グラツィア〕にしたらどうでしょう。この由来はきっと覚えていますね〔グラツィアは『ジャン・クリストフ』の登場人物〕。イタリア語の音はきれいだし、grace〔優美〕の意味もかわいらしい。ザミラはありきたりの名前は嫌いですから、たぶん気に入るでしょう。旧暦では今年は甲辰で、辰年生まれの人は龍になぞらえます。龍は雲にまつわり、風は虎にまつわりますから、女の子なら「凌雲」(Lin Yun)、男の子なら「凌霄」(Lin Sio)にしたらどうでしょう〔現在の中国語ローマ字表記法ではそれぞれLing Yun、Ling Xiaoとなる〕。どう思いますか? 男の子の外国語の名前はinspiration〔インスピレーション〕がわきません。君たちが決めるか、あるいは私が思いついたらまた言いましょう。これらのことは別の手紙でザミラに話しました(凌雲＝to tower over the clouds、凌霄＝to tower over the sky というふうに説明しました)〔中国語では、凌雲＝雲の上にそびえ立つ、凌霄＝天空の上にそびえ立つ、の意味〕。

一九六四年四月十二日(母より)

愛する聡。嬉しい知らせを聞いてから、喜びの気持ちを抑えることができなくて、いつも生まれる日を計算しています。お医者さんによればたぶん八月のはじめの二週間の間だろうとザミラが言っていました。ちょうど一番暑い頃ですが、ロンドンの病院は設備がいいでしょうから、心配する必要はないですね。きっと冷房があるでしょうし、それなら産婦も辛くはないでしょう。この一か月というもの、次から次に編み物をして毛糸の服を作り、ほかにおくるみとおふとんも買いました。おばあさんたるものの心づくしです。数日したら送りに行きますが、二人とも留守だといけないので、お父上の方に送ります。これで差し支えないでしょうか？　服のサイズは適当に作りましたが、毛糸の服を着るのはちょうど九月、十月くらいですからね。これからもっといるようなら言ってください、いつでも編んであげますから。子供の名前はいつも相談しています。今年は辰年なので、龍の特徴から考えています。先々週新しい城隍廟〔土地の守護神をまつるやしろ。日中戦争中、旧城内にある「老城隍廟」とは別に租界内に建てられたもので、周辺は多くの商店で賑わった〕に花を見に行った時、凌霄という花〔ノウゼンカズラ。ツタ性植物で丈は十メートルにも及ぶ〕がありました。周朝楨先生〔傅雷の友人の一人〕によると、この花は初夏に咲き、燃えるような黄色でとても美しいというのです。さっそく一株買って帰って来ました。それから私はひらめいたのです。「凌霄」は男の子の名前にいいのではないかしら？　音もきれいだし、意味も高く飛翔するということです。伝説の龍は雲の中にいますから、女の子なら「凌雲」にすれば、これ以上ぴったりの名前はありません。それで私たちはこれに決めました。さらに言えば私たち傅一家は、三代にわたり一文字の名前だったので（お祖父さんは傅鵬、お父さんは雷、あなたは聡）、今度は二文字の名前にするのもおもしろいでしょう。あなたはどう思いますか？

敏ちゃんは年末にも帰って来なくて、仕事がとても忙しいようです〔傅敏は当時北京第一女子中学で英語を教えていた〕。教え方も大変まじめ、日々研究を重ねているので、学校側にも重視されているのです。最近の手紙にはこうありました。「一年あまり教えてみて、知識を伝えることは、人としてのあり方を教えるより簡単なことがよくわかりました。学問を教えるだけで人について教えないならば、学問すら決してよく教えることはできません。人としてのあり方をしっかり教える、つまり学生をよく教育しようとするなら、自分の行動と言葉に気をつけなければなりません。特に大切なのは行動で、あらゆる面で厳しく自分を戒め、身をもって示さなければなりません。規律の悪いクラスほど、利口な子が多く、教師の言動に敏感です。自分で身をもって示さなければ、学問を教えることもできないのです」。教育の実際の状況に対して、敏ちゃんにしっかりと考えがあり、自分のやり方があることに、お父さんはとても感心していました。私もどんなに嬉しかったことか。敏ちゃんがこんなに成長して正しい道を歩んでいる、これこそ私たちの教育の目標でしたから。地位や名声を追い求めるのではなく、本業の仕事をしっかりすればそれでいいと私たちは考えています。兄さんとしても、弟がこんなにがんばっているのを知ったら嬉しいでしょう。

一九六四年四月二十三日

愛する息子よ。ある人が四月十四日に、君がＢＢＣ〔英国放送協会〕の極東向け中国語放送の中で話しているのを聞いたそうです。人からの又聞きなので、詳しい内容はわかりませんが、家庭教育や、祖国のことや、中国音楽の問題について話していたことがわかりました。私たちの音楽が発達しなかった理由について、私は数十年にわたって考えてきましたが、結論が出ません。表面的に見ればとても簡単で、科学が発達しなかったことが主な要因であり、楽譜を記す方法がなかったことも大きな障害になっています。しかしさらに一歩問うとすれば、なぜ科学が発達しなかったのでしょうか。これには容易に答が出ません。すでに戦国時代に、私たちには墨子や公輸〔公輸は姓、名は般。魯班ともいう。戦国時代の大工で「雲梯（城攻めに用いる長いはしご）」を発明したことで知られる。人民共和国以降、技術重視の風潮からしばしば言及された〕のような科学者や技術者がいましたし、漢代の張衡は大文豪だっただけでなく、すばらしい天文術数の学者でした。なぜこの後を継ぐ人がなく、千六百年の間、停滞したままだったのでしょうか。なぜ西洋はルネサンス以降飛躍的に進歩したのでしょうか。ギリシアの初期の科学や、七世紀前後のアラビアの科学も、途中に長い中断があったのに、なぜ中世に科学の根が完全に絶たれることがなかったのでしょうか。西洋で楽譜を記すことは十世紀以降にやっと始まり、近代の記譜法はこの数百年の間に発展しただけなのに、なぜ私たちはこれまでこの方面で発展しなかったのでしょうか。中国人の頭脳があまり抽象的でないというなら、明代の朱載堉（『楽律全書』の著者）はちょうど音楽を算数のように論じていますが、これはきわめて抽象的なのではないでしょうか。なぜこれらの抽象的理論を誰も実践に移さなかったのでしょうか。西洋の多声音楽は数学に似ていますが、なぜフランドル楽派やイタリア楽派やバッハ、ヘンデルに至るまで、みな創作の上で実験できたのでしょうか。ある民族の芸術的才能は、それぞれの芸術ジャンルで平均的に発展するわけではないのでしょうか。ギリシア人の建築、彫塑、詩歌、演劇は紀元前四世紀にピークに達しましたが、その後二千年あまり沈黙したまま、成果がありません。ルネサンス期のイタリア芸術は一度花開いただけで消えてしまいました。ある民族はたとえ文学で最高峰に達しても、造形芸術や音楽芸術においては見劣りしてしまいます。例えばイギリスのように。またある民族は文学、音楽で傑出した成果を残しましたが、絵画では立ち後れています。ドイツがそうでしょう。ある民族の中での特定の芸術の盛衰についてもそうですし、各種の芸術がそれぞれの民族の中でどう発展したかについても、説明するのは容易でないことがわかります。私たちの書道は両晋、六朝、隋、唐の時代に最盛期を迎え、その後は二度と高まりを見せませんでした。私たちの絵画芸術はついに宋、元を超えることはありませんでした。音楽はと言えば開元・天宝期、つまり唐の玄宗の時代に一時盛んになりましたが、それも「一時」のことに過ぎませんでした。現在ある人々は社会制度や階級成分から文学芸術の興亡を説明しようとしています。しかし奴隷制度がかつて世界の多くの民族にあったのに、なぜエジプトと古代ギリシアだけが、あのように輝くような芸術の数々を残し得たのでしょうか。また同じような奴隷制度でありながら、なぜエジプトとギリシアの芸術精神、風格にはこんなに違いがあるのでしょうか。もし統治階級が奨励したことと大いに関係あるとすれば、イギリスでは十八、十九世紀の王室が音楽を奨励しましたし、十五世紀のローマ教皇や諸侯（メディチ家のような）がそうしたのと比べても劣りませんでした。それなのになぜイギリスは一流の音楽家を輩出することができなかったのでしょうか。さらにもっと具体的で小さな角度から見れば、私たちの音楽が発達しなかったのは、音楽が演劇に侵犯されたことと関係あるのではないでしょうか。私たちが持っている音楽的資料は、ほとんど全て各種の演劇の中にあります。いわゆる純粋な音楽としては、楽譜のない琴曲（琴曲の譜は指使いを記すだけで、音符を記しませんから、本当の楽譜とは言えません）がわずかばかりあるだけです。そのほか笛、簫、二胡、琵琶などは、ごく単純なものであるか、そうでなければ外来のものです。演劇に侵犯され独立しなかった芸術は、ほかに舞踏があります。私たちは西洋人の盲目的な信仰とは異なり、また彼らのように強い宗教的情緒を持っているわけではないので、神を敬う演目でもほとんどが職業的に変わってしまって、民衆が自分から参加することは少ないのです。もし中国民族がもともとあまり音楽が好きでないとすれば、これまた事実と異なります。私は小さい頃田舎で、船頭や、水車を回す人がいつも小唄を口ずさんでいるのを聞いたことがあります。いわゆる「山歌」〔主に南方の農山村で親しまれた民謡の一種〕です（古体詩〈漢・魏〉の中には多くの「歌行」「歌謡」があり、白楽天から蘇東坡、辛棄疾の詩に至るまで、いずれも高らかに吟じたり、声をひそめて歌ったりしたもので、紙に書かれた作品だけではありません）。

つまり、発達しなかった理由はまとめると山のような問題になるだけで、誰も徹底的に研究したことがないし、もちろん誰も答えを出していません。近頃こちらで大いに民族音楽を提唱しているのは、当然喜ばしいことだと思います。しかし純粋に在来の方法を用いたのではおそらくいくらも発展しないでしょう。科学とは国際的で、世界的なものであり、進歩はあくまでも進歩、遅れは遅れです。在来の楽器を向上させて、ピアノやヴァイオリンと競争させても、無駄な努力ではないでしょうか？　抗日戦争の前（一九三七年以前）丁西林〔北京大学、中央大学などで物理学を教えるかたわら、独自の喜劇作品を多数発表した。建国後、文化部副部長などの要職を歴任した〕が中国の笛を改良する研究をしていましたが、私は無駄だと思っていました。道具と内容、楽器と民族の特性には、もとより大きな関係があります。しかし進歩した道具や、高い科学性を持つ現代楽器なら、私たちの民族的な特性や独特の美的センスを表現できないということはないはずです。逆に原始的な道具や貧弱な楽器は、歯がぼろぼろで声帯の構造に大きな欠陥がある人と同様、どんなに豊かな思想感情を持っていても表現しきれないのです。楽曲の形式も同じです。ただ民間の曲調を記録して、いくらか整理し、変奏曲のような方法で拡大したとしても、新しい民族音楽を作り出すことは絶対にできません。私たちには「音楽文法」すらまだないのですから、音楽の上で雄弁に語ろうとしてもどうしてできるでしょうか？　西洋の最も新しい楽派（もちろん電子音楽のような ultra modern〔ウルトラ・モダン〕なものを指すのではありません）の理論は、実は尺度が最も広く、民族音楽を創造しようとする人が一番利用しやすいものです。が、いかんせんみな形式主義の恐怖に毒され、あえて口にすることもできず、まして研究しようとはしません。ロシアの五人組〔十九世紀後半にロシアの民族的特色を多く取り入れたムソルグスキー、バラキレフ、キュイ、リムスキー＝コルサコフ、ボロディンらの作曲家〕や、ドビュッシーからバルトークまで、事実が雄弁に物語るように、新しい理論と技巧の中でこそ民族楽派の新たな道を探ることができるのです。問題は、外部との接触を断ち、門を閉ざして家の中で車を作る〔主観的な判断だけで物事を行うことのたとえ〕のではなく、西洋の最高最新の技巧を身につけ、わがものとし、使いこなさなければならないということで、そうしてこそ私たちの新社会の思想感情を私たちの音楽で表現することができるのです。このたぐいの問題は、話したいことが多く、一度では話しきれません。

一九六四年四月二十四日

［……］孤独な感覚は、お互い変わりはなく、程度や回数の差があるだけです。私たちは故郷を離れているわけではないし、生活も安定しており、大多数の人よりよい暮らしをしています。ただいかんせん人は考えることが多いので、どうしても空虚な感じに襲われざるを得ません。唯一の慰めは肉親と胸の内を語り合うことで、だから君の手紙がどんなに少なくても、私はできるだけたくさん書きたいし、君の悩みや寂しさをいくらかでも紛らわせてやりたいと思うのです。とは言え心に願うことと、手紙を書く時の気持ちは別です。しばしば無性に書きたいと思っても精神が落ち着かず、筆を執ることができません。また無理に書いても、とても味気なく、話す声や口振りが硬いようで、自分で聞いてもい

やな気分になります。

情熱的で執着する反面、大らかでこだわりなく、懐疑的で、消極的ですらある、この性格はおそらく私から君に遺伝したのでしょう。お母さんにはこういう矛盾はないし、これまでこんなに極端だったことはありません。ザミラがいつも君は私とそっくりだと言うので、君が彼女の前で数え切れないほどたくさん私の話をしているのがわかります。だから私と一度も会ったことがなくても、昔からよく知っているように思うのでしょう。

君たち夫婦の関係について、私たちはこれまで本気で心配したことはありません。君の精神の揺れは、理由があるとわかっていますから、要するに、基本的な信頼が変わらなければ、大小の争いも時間とともに忘れるでしょう。私が三月二日（No.59）の手紙に書いた結論はこのことなのです。人生はどの段階も学びながら歩んでいくもの、あらゆる条件（理論上の）を備えてから結婚し、子供を育てる人などいません。君が子供のことでびくびくしているのは、人生を真剣に考えている証拠ですが、考え過ぎることはないのです。全く考えないのは責任を負わないことですから、もちろんよくありませんが、考え過ぎるのもいたずらに自分を苦しめるだけです。大切なのは一通り徹底的に考え、覚悟を決めたらどの段階においてもしっかり取り組み、よい方法を考えて実行することです。

何事にもこだわらず心の平静を保つことは人生最高の修養ですが、一足飛びに達することはできません。批評家の言うことに対して私は以前はあまり耳を傾けず、ただ自分で用心するよう心がけただけでした。つまり人はさまざまに言うものなので、自分自身をよく省みるようにし、本当の専門家で善意がある先生・友人の意見を広く求めるようにしました。君の自己批判の精神を、私は完全に信頼しています。しかし芸術家は時につまらないことをいつまでも追求し、自分のやり方が独創的で正しいと思いこみます。これを避けるためには、いつも冷静で客観的な態度を保たなければなりません。芸術上のillusion〔幻想〕というものは、時に人を何年も欺くことがあります。批評界の黒幕については、私はこの三年バルザックの『幻滅』を訳していて、少なからぬ知識を得ました。一世紀前にすでにこうだったのですから、まして今日は！　二月号の『音楽と音楽家』にKarayan〔Karajan カラヤンのこと。ベルリン・フィルハーモニーの芸術監督などを務めた世界的指揮者〕のインタビュー記事が出ていましたが、彼は批評を誰かの意見と思うだけだと言っていました。尊敬すべき学者には自ら耳を傾け、訪ねて行って教えを請うこともあると。この態度はかなり君と似ていますね。

「……」

まじめな人はなかなか自分の成績に満足しませんが、私の大きな悩みもそこにあります。

君と違うのは、君は日々変化して、新しい理解や新しい境地に達し、新しい演奏をすることができますが、私の方は見識はどんどん高くなっても能力はいつも同じ所に留まっています。君のレコードを聴くたびに思うのは、今ならこの曲をどんなふうに弾くのだろう、ということです。〈……〉

一九六四年十月三十一日

愛する息子よ。何度も手紙を書こうとしては最後まで書けず、かといって何か月も黙っているのは落ち着かないし、気が休まらない。八月から今までの気持ちは全く言い表すこともできません。君の境遇、悩み（行動に移す前に国際公法あるいは私法の専門家と相談はしなかったようですね。本当はその必要があったでしょう）、やむを得なかった苦衷がよくわかりますから、どうして責めることができるでしょう？〔傅聡がイギリス国籍を取得したことを指す〕しかしもっとよく理解したとしても、この重い気持ちは晴れません。民族の自尊心が傷つけられたのですから、短い時間では治らないでしょう。なぜならこれは一人の人間の、個人の栄辱や得失の問題ではないからです。何事につけこだわりなく楽観的なお母さんも、あれこれ考えてはふさいでいます。今回の試練がなければ、私自身も、こういうことについてこんなに強い気持ちを持っていることがわかりませんでした。一九五九年、最初の二通の手紙に君が書いていたこと、そして記者会見で話していたことが、繰り返し思い出されます〔イギリスに亡命した直後、傅聡は国籍は変えないことなどを明言していた〕。考えてごらん、これがどんなに激しく胸を刺すか！　役所の書類は一つの形式に過ぎず、どんな法律手続きも人の心を縛るものではないことはわかっています――この点では、ずっと君を信じています。書類は一方的に取り消せるということもわかっていますが、ただそんな日ははるかかなたに霞んでいます。まして理性は理性、感情は感情ですから、理性では理解できることが、感情で受け入れられるとは限りません。私たちの数か月にわたる沈黙の理由が、君にはわかりますか？　今回どんなに苦しんだかを想像できますか？　仕事の時でも休憩の時でも、心にはずっと陰が差して、まるで重い石に押し潰されたよう、振り払っても振り払っても、取り去ることはできず、離れてゆかないのです。どんな時よりも君のことを思いました。けれどもお母さんとあえてその話をすることはできません。お互いの傷に触れ、かえって自分の傷を広げるのが恐いのです。私はひそかにびくびくし、外国の新聞や批評や、今後出るレコードの解説に、このことが書かれるのではないかと……子供が生まれたという電報が来ると、私たちの気持ちはもっと複雑になりました。こんなに嬉しい知らせが、こんな時にやって来るとは。この気持ちを何と言えばよいのか、万感胸に迫って、思いは千々に乱れ、何と言うべきなのだろう？　どのように伝えたらいいのだろう？　そしてこれらの全ては、そちらの父上には理解できないのです。彼には彼の民族性が、民族の悲劇という運命（この運命は、二千年の間に慣れてそれが普通になってしまい、悲劇とは思われていないでしょう）があるので、もちろん私たちとは考えが違います〔ザミラの父メニューインがユダヤ人であることを指す〕。しかし私たちの考えが民族的うぬぼれで、頑固であり、彼のが開明的で正しいとは決して思いません。彼は国籍というものを、移民が受け入れてくれた国に対して当然持つべき感謝のしるしのように見ていますが、私は絶対賛成しません！　ザミラがもし中国に来たら、中国籍に変えなければならないはずだから、君の行動もお互い様だなどと、中国の国情を全く理解していないからそんなことが言えるのです。私たちの国はもともとそんな法律はありません。外国人が中国籍に変えなければ長期滞在させないなんてね！　お父上のこんな手紙をもらってから、返事もしなかったのは、けんかをしたくないからです。けれども私の意見が彼とはどこが違うのか、君には知らせておくべきでしょう。〔……〕

一九六五年二月二十日

愛する息子よ。半年ぶりの手紙にどれだけ慰められたことでしょう。スケジュールを見たら、いつものように一緒に世界のあちこちを飛び回った気になり、しばらくぼんやりしてしまいました。人とはおかしなもので、部屋から一歩も出なくても、万里も離れた世界や各地の景色、聴衆の反応や旅人の気持ちを、同じように体験することができるのです。南米ではポーランドやソ連に帰った心地だったそうですが、その言葉だけからも、君の喜びや感動を共に味わうことができました。ラテン民族とスラブ民族の情熱にあふれた様子が目の前にありありと浮かぶようでした。

写真がまた興奮をもたらしました。おっかない顔をしたところは君にそっくりですね。カメラが近過ぎたのでしょう、おかしなものが自分をねらっているのを見て、ちょっと恐くて用心しているようです。残念ながら笑っている二枚はいずれもピンぼけでしたから(表情も一番似ていませんでした)、次に撮る時は絞りをF.2かF.3.5にして、シャッタースピードは1/100秒か1/150秒にするのがいいでしょう。もしフラッシュ(flash)を使うならF.11にして、シャッタースピードは1/100秒か1/150秒にします。君がピアノを弾くのを見ている写真が一番かわいく、きれいでした。君たち二人が大きくなるように引き伸ばし、左側の空白をなくしたらいいのでは。五、六インチ〔約十三〜十五cm〕くらいに引き伸ばしたらはっきり見えるでしょう、もとのは小さ過ぎますから。もう一枚の写真で座っているのは椅子ですか、車ですか？　下の方に中国画（誰の作品？）を入れたガラスの枠が見えますが、あれこれ考えてもどういうことかわかりません。教えてください！

君の父性がとても強いのはお母さんに似たのでしょう。しかしやはり抑え気味にしなければならないのは、一つは日々の仕事に差し障らないよう、もう一つは凌霄《リンシャオ》を甘やかさないようにするためです——子供はいつも遊んでくれる人がいると、それに慣れてしまい、いつでも相手をつかまえていなければだめになります。ザミラが大変なだけでなく、子供にもよくありません。寂しさに耐えられることは人生の大きな武器になりますし、寂しさに耐えるには小さな頃から訓練が必要です。子供をかわいがるのはもちろん大切ですが、規律を守らせるのも同じように大切です。数か月のうちから気をつけなければ、二、三歳になってから厳しくしても、大人も子供もつらいだけです。

君の気持ちは十分わかります。君の言うとおり、子を知るは父にしくはなし〔子のことについて父よりよく知っている者はいない。「臣を知るは君にしくはなし」と対になる。『管子』の言葉〕。なぜなら親と子の気性は似るものですし、いつも言っているではありませんか、君は私の鏡のようだと。また私たちは神経が敏感で、情緒の移り変わりが激しく、突然高揚したかと思えばがくっと低調になり、狂ったように興奮したかと思えばすっと冷めて落ち込むなどなど、芸術家らしい気質がそっくりです。不幸にもこの遺伝（または後天的な感染とも言いましょうか）は日常生活にマイナスが多く、プラスは少ないのです。芸術にプラスになるものは、しばしば生活にはマイナスになります。芸術家は、両足は地を踏んでいても頭は天上にあり、この状態は当然現実世界には適さないからです。私たちはいつもザミラは大変だと思っています。君はお母さんのような性格が当たり前と思ってザミラを見てはなりません。いつもよく気をつけて、自分の悩みを理由もなく第三者にぶつけてはなりません。それに彼女だって幼い頃はあまり幸せではなかったのですから〔ザミラがメニューインと前妻の間の子であることを指すか〕、君たちは同病相憐れむというつもりで接するのがよいでしょう。私はこれまでずっと、よく自分に打ち勝つことができませんでした。君が私よりも成績がよく、効果をあげるのが早いなら、私とお母さんはどんなに嬉しいでしょう！

exile〔追放〕について言うなら、古から今に至るまで多くの大人物がこの苦難に遭いました。ダンテもその一人です。私ごとき小物に何の言うべきことがありましょうか！『神曲』〔ダンテの詩編〕はexile〔追放〕されて感じたこととその刺激によって書かれたそうですから、私たちはこれを手本として、exile〔追放〕の苦しみを芸術に昇華すべきなのでしょう。このような話で、君の苦しみ悲しみを取り除くことはできないとわかっていますが、少なくとも解脱の理由を与え、鬱積した悩みから身を解き放つようにしてやれるでしょう。芸術家たる者は、宗教家の心を持っていなければ、単なる技巧や純粋な抽象的観念を追求するvirtuoso〔ヴィルトゥオーソ、名人芸的な技巧を誇る演奏家〕になってしまうでしょう。またはいわゆる抽象表現主義者のような気違いになってしまうかもしれません。一方哲学者のようなものの見方をしなければ、自らを苦しめ他人を苦しめ（そばにいる伴侶を苦しめ）、永遠に超越することはできません。そしてもう一つ現実的な点ですが、君の音楽に対する熱愛と理解のゆえに、君は嫌悪する社会の中でもがいて行かざるを得ないでしょう。周りはoutcast〔追放者〕だらけだと君が言うのは、この意味ではありませんか？　芸術とはtyrant〔暴君〕であり、人々はその奴隷であることに甘んじてしまうので、このtyrant〔暴君〕は特に恐ろしいのです。君も芸術を主君としたからには、あらゆる苦痛苦難は収めるべき年貢のようなもの、その宗教を信じた以上は、生け贄を捧げずにいられるでしょうか？　どの仕事にもそれぞれのhumiliation〔屈辱〕とmisery〔苦痛〕があり、resign〔甘んじて従う〕ことができれば、それが苦しみを減らす唯一の道です。考えたことがあるでしょう、ショパンはなぜ後半生に自ら異国で流浪したのか、彼のOp.25〔作品二十五〕以降の作品は、どんな代価を支払ったものであるかを。

いかなる芸術作品にも外面には現れ出ないものがあり、文学では言葉を尽くして意味を尽くさずといい、西洋人は between lines〔行間、「言葉の裏の意味」の意。原注では「弦外の音」〕と言っています。作者は心に感じたことを書き尽くすことはできないし、人に与える啓示はしばしば作者自身の予想を超えています。絵画、彫塑、演劇などは、みなこの潜在的な境地があります。しかし音楽が表現するものは最も揺れ動いて、最も捉えがたく、最もつかみどころがなくて確かめようがないものです。弦外の音はほかの芸術よりもっと豊かで神秘的であるようで、だから普通の人は探求するのを怠り、何か弦外の音があるということさえ全く感じることができないのです。実は真の演奏家はこの潜在的な境地（すなわち『淮南子《えなんじ》』にいう「無音の音を聴く者は聡なり」。無音の音がこの隠された境地を指すのでなければ何でしょうか）を理解し、それを表現できるよう努力すべきです——その理解が全て正確とは限らないにしても。理解できるかどうかは民族性と関係がありません。どの角度から理解するか、作品に隠されたどの部分を理解するかが、各民族の性格とその文化伝統によってほぼ決まるのです。ある民族が理解したものと、別の民族が理解したものは、正確かどうかの違いがあるだけでなく、種類も異なり、程度の深さも異なります。思うに君とそちらの父上が通じ合うのはお互いに東洋人だからで、物事に対する感じ方に共通点があり、物事を見る角度もしばしば似ているのでしょう。君が董兄弟と初めて共演してすぐ心が相通じるように思ったのも、同じわけなのです。みな中国人だから、感情の面で共通点が自然と多かったのでしょう。

〈……〉

人生は一瞬の夢

一九六五年五月〜

息子の便りを通じて、まだ見ぬ孫の成長を思い描くことは、静かな日々を送る傅雷夫婦の唯一の楽しみだった。老いと病が忍び寄る中、最後の嵐が一家を襲おうとしていた。

一九六五年五月十六日夜

愛する息子よ。香港からマニラへ着いたら、おそらく空港を出てすぐ会場に直行しなければならなかったのでしょうね。こんなにあわただしくてさぞかし大変だったでしょう。まして五月三日の夜はたった四、五時間しか寝ていなかったのですから、気力と体力のおかげでがんばれたのですね！　劉抗おじさん〔画家。一九三〇年代に上海美術専科学校で教えたあとシンガポールに移住した〕が四月二十三日に手紙で知らせてくれなかったら、君がバンコクからマニラへ行く途中、シンガポールで二度も舞台に立ち、さらにコンクールの審査員も務めるなんてどうして想像できたでしょうか。香港での演奏会はもともと来年日本へ行く時ついでにやると言っていたので、今年実現するとは思いもよりませんでした。君が決めたスケジュールにはびっくりさせられました。六月五日はLondon Mozart Players〔ロンドン・モーツァルト・プレイヤーズ〕とMozart K.503〔モーツァルトの作品五〇三。ピアノ協奏曲第二十五番のこと〕を共演するのではなかったのですか？　場所はCroyden〔クロイデン〕のFairfield Hall〔フェアフィールド・ホール〕でしたね。このような定期演奏会が一、二か月前になって変更されることはほとんどないでしょう。独奏者が直前になって出られなくなった場合は別ですが、それなら十日前か半月前に起こることです。君がその時興奮し過ぎてスケジュール表を見間違えたのではないだろうか？　ここまでうっかりをしでかすとは思えないが、だとしたら一体どういうことなのだろう？　この疑問がわいてから、どうしても蕭おばさん〔香港在住の友人〕に知らせないわけにはいかず、彼女からの手紙は五月十二日の昼にこちらに届いたのですが、私はご飯を食べてすぐ手紙を書き、君のニュージーランド各地でのスケジュールをそっくり写して、君に電報で尋ねてくれるよう頼みました。あとで騒ぎが起こったら大変ですから。そしてまたザミラに手紙を書いて、Van Wyck*〔ヴァン・ワイク〕に六月五日ロンドンでの演奏会について確認してくれるように言いました。ザミラから返事が来て、やっとほっとすることができました。今回香港で演奏するのは主に収入を増やすためとわかりましたが、ロンドンの元のスケジュールはどうやって調整するつもりなのですか？

　香港からの長距離電話にどんなに興奮したか、全く言い表すこともできません。五月四日は丸一日、私もお母さんも心ここにあらずで、食事も家事も上の空、まるで夢を見ているようでした。私も全然仕事になりませんでした。それというのも四日の早朝、お母さんが君の夢を見た、まだ赤ちゃんで、おっぱいをやり、眠ってしまったのでベッドに寝

＊〔原注〕当時の傅聡の代理人。

かせた、と話しました。それから三十分ほどして電話が来たのです！　なるほど人々が夢を信じるわけです。蕭おばさんの手紙にはまた胸を躍らされました。君が香港に滞在した二十三時間の様子をくわしく書いてくれ、君が注文した上海料理まで一つ一つ知らせてくれたのでとてもおもしろかったのです。手紙や写真を繰り返し繰り返し眺め、電話で君の声を聞き、電話をくれる前の晩に会った人に今日また会ったりして、これらを全部合わせてやっと完全な君の姿になりました！（声が少し変わったようだと言いましたね。あとから考えてわかったのですが、これまで電話でしゃべった回数が少ないので、電話を通して聞く君の声に慣れていないのです。一九五六年に北京から長距離電話をくれた時も、声がおかしいと感じたものでした。）五月三日の夜に飛行機から降りたばかりの君が、旅の疲れはあるけれども、心身ともに健康であることがわかり、私たちは大いに慰められました。緊張に耐えられるよう神経を訓練し、苦労をものともしない体を作り、二十世紀の演奏家の生活にちゃんと対処できるというのは、全くもって恵まれています。私もお母さんも年を取って、ますます神経が弱くなり、少しのことでも緊張してどうしようもありません。生まれつきの性格でもありますが、一方では長年静かな生活を送ってきたために、めまぐるしい現代のtempo〔テンポ〕について行けないのです。

一九六五年五月二十七日

〈……〉中国民族は何かを「わがものにする」ことができるという特徴、そのほか芸術についての感想を書いていましたが、いずれもよくわかりますし、私の考えも同じです。長年しばしばお母さんに話しているのですが、私は西洋文化を研究すればするほど、中国文化の美がわかるようになりましたし、そちらの方が自分の個性に合うと思うようになりました。私が最初に中国画を好きになったのも、二十一、二歳の時パリのルーブル美術館で西洋画を勉強し始めた頃です。これらの問題についてはまたゆっくり話しましょう。おもしろいのは君がこのたぐいの議論をする時、相談したわけでもないのにいつも私の意見とぴったり合って、手紙に書いてあることがまるで私が書いたかのようであることです。小さい頃から受けてきた影響が大き過ぎるからか、それとも私たち二人の中国人としての根が同じように深いからでしょうか？　おそらくこの根が主な原因なのでしょう。

芸術家はいつも心を朗らかに、新鮮な感覚を保ってこそ、新鮮な内容を表現することができますし、自分の芸術に飽きることもなく、一部の人のように苦役をしているように感じることもありません。君がこういう境地に達していて――いつも心の底から尽きることなく話がわきあがってくるとは、本当に言葉にできないほど嬉しいし、君のためにも喜ばしく思います！

一九六五年九月十二日夜

〈……〉この頃ちょうどチャップリンの自伝（一九六四年版）を読んでいて、大変おもしろいのですが、またぞっとするようなわびしさを感じます。読みながらさまざまな感慨にふけりました。何より彼はとても孤独な人であり、私自身もとても孤独です。この共通点が特に親しみを感じさせるのでしょう。私はだんだん自分がdetached from everything〔あらゆるものから離れている〕と思うようになり、一生懸命仕事をするのも実は機械的な習慣であり、生理的心理的な必要（働かなければ安心できない）からであって、本当に何かconviction〔信念〕があるからではないと思うようになりました。趣味についても、拓本や書画や小さな骨董の鑑賞、バラの栽培のいずれにかかわらず、たとえ折りに触れちょっと気晴らしができたにしても、そのたびひそかに自分を笑います。自分の愚かさ、空しさ、自らをだまし人をもだます日々を過ごしていることを笑うのです。

チャップリンの芸術に関する意見の多くは、とても深く、本質をついています。まわりに流されることなく、いつも独立した精神と思考を保ち続けることは、一流の芸術家であることの証拠です。彼が書いている五十五年前(私がやっと二、三歳の頃)のニューヨークと、初めて訪れた時の感想は、君が初めてニューヨークへ行った時の感想を思い起こさせました——似たところがたくさんあったのです。彼が書いている第一次大戦前後のアメリカは、私にとっては新しい発見でした。一九一二年にすでに摩天楼やCoca-Cola〔コカコーラ〕があったなんてどうして想像できたでしょうか。資本主義社会がすでにここまで発展していたとは。こんな状況は私が一九三〇年前後に見聞した欧州とは全く異なっています。

一九六五年十一月二十六日(母より)

愛する聡。数日前にお父さんが手紙を書いたばかりで、本来私がすぐに筆を執る必要はないのですが、一つ気がかりなことをもう何か月も考えていて、あなたがロンドンに帰ってから相談しようと思っていました。今年の六月末お父さんは仕事をしている時に熱を出し、頭の中が真っ白になったようで、これ以上がんばったら危ないと思って自分からやめました。八月はじめに仕事に戻りましたが、九月末に突然目がかすみ、それから霧がひっきりなしに目の前を横切るようだったので、また仕事をやめざるを得ませんでした。あなたも知ってのとおり、お父さんはぼんやりしていられない人ですから、仕事もせず本を読むこともできないというのは、本当によほどのこと、今回自分から仕事をやめたのは、相当重大な問題だと思いました。眼科で見てもらったところ、目そのものは水晶体が濁っているほかは異常はなく、やはり脳や視力を使いすぎたために、疲労がたまっているのだとか。でも特効薬はないし、ゆっくり休んで、目を使わずしばらく休養するしかないそうです。今は休養しながら漢方薬を飲み、肝臓・腎臓を休ませ、体全体が元気になるよう気をつけていて、お父さんはだんだんよくなってきたと言っています。お父さんは近年体が弱り病気がちで、ちょうど機械のように、あちこちがさびついて動かなくなり、大幅に修理が必要なのです。けれどもお父さんはこれからの暮らしを考えると、先の見通しがつかないのであせらずにはいられません。作家は大学教授と違って決まった給料がないし、体が弱って年を取っても定年退職というわけにいきませんから、一日一日仕事を続けていくだけ、だからゆっくり療養することもできません。思えば今年の五月はじめにあなたと電話で話した時、もっとたくさんお金を送らなくていいかどうか何度も聞いてくれましたが、私はそのたびにいらないと言いました。もうたくさんのお金を私たちのために使わせたし、お父さんも老いたりとは言えまだ働ける、生活も心配ないと思ったのです。まさか数か月のうちにこんなに状況が変わるなんて、人生何が起こるか、主観的な願望だけに頼るわけにはいかないのですね。健康が衰えて仕事がゆっくり少しずつしかできなくなっただけでなく、原稿料の支払い方法も変わり、印税は初版の時一度もらえるだけで、再版の印税は全部なくなってしまいました。つまり、以前の三分の一足らずになってしまったのです。お父さんはこれまでは毎年二十万字を訳すことができましたが、この一年ほどはせいぜい十万字ばかり、原稿料だけで生活していくのは、どうしても難しいのです。たとえ目が病気にならなくても、たとえ原稿料が元のとおりに支払われても、体力や頭脳が衰えて仕事が減れば、収入に大きく響きます。まして今はいろいろな面で問題を抱えているのですから。私たちは一九五八年以来、平明出版社から出した本が人民文学出版社に統合された際まとまってもらった原稿料を、少しずつ取り崩して生活してきました。今や貯金の残りはいくらもないので、さらに心配なのです。そこで先月末お父さんは様々な懸念を追い払って、中央に報告しました〔文化部副部長、石西民に宛てて手紙を書いたことを指す〕。今月下旬に「人文」〔人民文学出版社〕から手紙がきて、各方面の指導者と相談した結果、今後は「人文」が毎月の生活費として百二十元を支払うことに決まったとありました。指導者がお父さんに対してこのような配慮をしてくださったことに、感謝しているのは言うまでもありません。それでも実際私たちの家賃は五十五元、加えて水道、電気、電話、ガス代とお手伝いさんへの支払いで九十元以上になります。食費は除いてです。さらにこれから長期間医薬品のお代も必要です。もちろん私たちはこの負担をあなたにかけたくはありません。年中外国で奔走し、つらい労働から得たお金で一家を支えているのです。子供も生まれて支出も増えたでしょう。両親のためにもっと演奏会を開いてなどと頼むのは忍びません。それにまだ私たちは万策尽きたというところまでは行っていないし、手元の貯金はもう少し月々の穴埋めに使えます。でももし、あなたが少しだけ助けてくれれば、蓄えが尽きるのをもう少し引き延ばすことができます。けれども私たちはあなたの経済状況がわからないので、あなたに具体的な数字を言うことは決してできませんし、そうしたくもありません。あなたが冷静に考えて、単に気持ちの上からではなく、実際にできるかどうかを計算して、毎月いくらかを送ってくれないでしょうか（多くとも「人文」の数字を超えないようにしてください）。もし難しければ、もっと少なくてもいいのです。ただ私たちの蓄えがもう少し持ちこたえることができれば、そして万一の時のための準備ができれば、私たちはそれで安心です。年を取ると、思いもかけないことが起こるものです。息子よ、私たち両親の人となりをよく知っているでしょう、よほどのことがなければこんなことをお願いしたりはしません。この複雑な気持ちを、あなたならわかってくれるでしょう。私たち自身ももっと倹約し使い道を考えていますが、こちらを節約してもあちらが増えたりして（例えば最近お薬代が急に増えました）、本当にたくさんの問題を解決しきれないのです。

数か月前から私たちはバラの栽培に興味を持って、世話を始めました。暇つぶしになるだけでなく、お父さんの仕事ができないという悩みを忘れさせてくれます。よそ様からまたたくさんの品種をもらったので、水をやったり、肥料をやったり、虫を捕ったり、枝を手入れしたり、それはそれは忙しいです。お父さんは腰や背中が痛いのでたくさんするのは無理ですが、楽しみができたので、何もできず焦る気持ちが少しはやわらぎました。私も枝を継いだり挿したりする技術をだいぶ覚えて、今年の秋咲いたのは一番大きいので六インチ〔約十五㎝〕もありました。労働が実を結ぶと、心も愉快になります。

子供の新しい写真があったら、どんどん送ってください。できたらそのうち一、二枚は二軒分送ってくれたらありがたいです。馬おじさんとおばさんがいつもほしいと言っていますから。凌霄はもうすぐ一歳半ですね、あなたが家に帰るたびにお利口になっているでしょう。もうお話もできるのでしょうか、惜しいのはあなたがしょっちゅう出かけるので、中国語を教えられないことです。今回イギリスは寒波が襲来したそうですが、凌霄が寒がってはいないでしょうか？　大きくなるのをこの目で見ることはできないけれど、大きくなっていく写真を見るだけでも私たちにとっては同じように親しみがあり、同じように楽しいのです。［……］

一九六六年一月四日

〈……〉モーツァルトと言えば思い出されるのは、君が李（蕙芳）おばさん〔傅聰にピアノの手ほどきをしてくれた先生〕に習って最後の頃に弾いたのがRomance〔ロマンス〕とFantasy〔ファンタジー〕で、楽譜は私が書き写して、中国式に表装したのでした。その後パーチに弾いて聴かせると（初めて会いに行った時）、彼は言いましたね。これはartist〔芸術家〕が弾いているのだ、小学生が弾いているのではない、と。こんなことや、こんな言葉が、私にとってはまるで昨日のことのようです。たぶん君もよく覚えているでしょうね？〈……〉

凌霄の行動や笑顔を君たちが描写してくれたのは、とてもおもしろかったです。君も小さい頃は滅多に泣かなかったし、うえーんとやってもすぐ止まって、口元がまだふるえているのに、もう泣きやもうとしていました。凌霄はおそらく君に似たのでしょう。いいことを言っていましたね。無邪気で純粋な子供は両親の優れた素質を多く反映している。教育とは主に、子供がその後どのように発達するかに気をつけて、両親の欠点が表れ始めたら、それを防ぐ方法を考えなければならない、と。凌霄がピアノの下に寝転がっている情景は、本当に小さなクリストフのようです。君は昔自分がクリストフのつもりになっていましたが、今やまた小クリストフができました。が、凌霄は君より幸せですよ。もっと開明的で慈愛に満ちた父親がいるのですからね！〈……〉

一九六六年四月十三日

〈……〉両目の白内障は相変わらずですが、普通は進み方がゆっくりだそうで、途中で止まることもあるし、あまりにゆっくりで進んでいるのがわからない人もいるそうです。私もそうであればいいのですが。でなければ何年かあと硬くなった時に手術をしますが、手術後の視力は前とは比べものにならず、遠くでも近くでも、限られた狭い範囲しか見えなくなります。これに加えて、一月からは慢性結膜炎を併発し、お医者さんが言うには、いつもかすむのは結膜炎の分泌物が水晶体に染みるからだと。この病気もひどく長引き、何年にもわたることがあるそうです。みんなは心身を静養するよう勧めますが、頭の中はどうしても空っぽにならないし、空っぽにならなければ神経は落ち着かず、体もよくなりません！　少し暇になるともっとあれこれ思いが乱れ、魂が抜け出て地球の外に飛んで行ってしまいそうです。ドストエフスキーのような妄想ではなく、無限の時間と空間の中で、歴史上の知識を手がかりにたくさんの幻想や感慨にふけるのです。つまり理想ばかり追い求めるインテリにありがちな病で、今の言葉で言えば客観主義の誤りを犯し、階級の観点がない……実はこのたぐいの幻想には、人類の原始的な苦悩、すなわち生老病死や生命の目的などについての感慨と懐疑も混じっています。私たち五四運動の中で成長して来た世代は〔一九一〇年代後半から学生・知識人の間で、西欧近代思想の影響のもと「自由」「民主」などの新しい観念を追求する動きが盛んになった〕、多かれ少なかれ懐疑主義者で、ちょうどルネサンス時代や十八世紀のフランス大革命前の人と同じです。しかし懐疑主義は今の社会では思想の敵ですし、どうりで私などどうやっても改造しきれないわけです。中国の読書人が昔から生死に関して慨嘆する傾向があるとしたら、それも士大夫・地主階級の毒素に当たったものと言えるでしょう（働かずに生きられるからこそこんな空想をする暇があるのです）。あれこれ言えば言うほど自分の欠点がよくわかるのに、いつまでたっても直しきれないのは、いわゆる「徹底的に自己批判しても、絶対に改めない」〔政治運動の中で批判を受けた人の頑固さを皮肉った言葉〕ということでしょうか？　そうではないと思います。主に私たちの時間の概念、あるいは time sense〔時間感覚〕と space sense〔空間感覚〕が他人より強いのでしょう。人生が一瞬の夢に過ぎないという話は、私たちには身に染みて受け止められます。だから人の命がとりわけ小さいものに思われるし、この身に感じてきた数十年を電光のひらめきのように、取るに足りないものに思わせるのです。すべての非現実的な幻想はここからやってきます、そうでしょう？　人生は浮き雲のようだという考えは時代に反するとよくわかっていても、年を重ねるごとに知らず知らずこの考え方が身についてしまいます。もちろんこんなことを人前で話したことはありませんし、敏ちゃんと小蓉《シャオロン》〔傅敏の恋人〕の前でも絶対に言いません。若い人は志と情熱を持っていますから、ショックを与えたりやる気をなくさせたりするべきではありません。また時代に合わない思想で次の世代に悪い影響を与えてはなりません。君は外国にいるし、気質が私と少なからず似ているから、言ってみたまでです。もし君にこのような思想の源がなければ、Schubert〔シューベルト〕の晩年の作品をこんなに理解することはできないでしょう。

［……］

このひと月あまりお母さんは君の夢をよく見て、指揮をしていたり、concerto〔協奏曲〕を弾いていることもあったとか。ザミラと凌霄が我が家にいる夢も見たそうです。目が覚めるたびに喜んだり、がっかりしたりしています。昨晩はこう言いました。今では眠ることは楽しいことで、自分が別の人間になってもう一つの生活を送ることができる。毎晩眠る前にお祈りをしている――家族そろって団らんできますように、そして十年二十年会っていない親戚や友人と会えますように、と。私もいつも君の夢を見ます。君のピアノの音は夢の中でもはっきり聞こえます。〈……〉

一九六六年六月三日

聡。五月十七日に航空会社から、レコードプレーヤーが上海に着いたという知らせがありました。受け取りに行った時、税関のきまりで、個人が外国から「航空貨物」として物を送ってもらうことはできないと言われました。お母さんが融通をきかせてくれるよう頼んだので、税関の職員が上の人に指示を仰ぎました。が、一週間後の答は、必ず規則どおりにすること、荷物は送り返すしかない、と。こういう状況を送り主のSTUDIO99〈プレーヤーの会社〉に伝えてください。もしも「普通小包」で送れるのなら試してみてください。プレーヤーの重さが小包の重量の限度を超えるとか、何かほかの理由でロンドンの郵便局が受けつけてくれない場合は仕方ありません。百年前まだレコードが発明されていない時代に生まれていたなら、やはり君の演奏は聴けないのですからね。プレーヤーが送れないか、次に届いた時も返送されてしまったら、今後レコードを送る必要はありません〔傅雷は自宅の旧式の蓄音機で傅聡のレコードをだめにするのを恐れていた〕。そちらのお父上が五十歳の記念に出すレコードを送ってくださると言っていましたが、もうしばらく待ってくれるよう伝えてください。この件が解決してからまた相談しましょう。私はお父上の生まれた年を一九一七年と勘違いしていたので、祝電を送るのが五日も遅れてしまいました。お手紙ではそのことには触れていませんでしたが（プレゼントを受け取ったことだけ）、電報は届いたのでしょうか？　私の眼病は進んでいませんが、慢性結膜炎も治っていません。腎臓が三寸〔約十cm〕も下垂して、いつも腰が痛く、長く座っていられません。何もかも天命に従うしかないのですね。国内では「文化大革命」で大騒ぎになっていますが、反党集団のことはイギリスでも聞いているでしょう。私たちも家ではらはらしていますが、まさか建国後十七年もたって、まだ資産階級の残党が党内に混じっていて、党に向かって死にものぐるいの攻撃をしかけようとは、全く思いもよりませんでした。おそらく私たち旧社会から来た人々は、階級闘争に鈍感すぎるのでしょう。書いているうちに目がかすんできたので、また今度話します。どうかくれぐれも大切に！ザミラによろしく！　お母さんは凌霄のために編み物をしていますとね。

五月末の手紙と子供の写真も受け取りました。君の気持ちはよくわかります。仕事がうまくいかないのはありがちなこと、うまくいく方が珍しいので、お互い変わりはありません。私の心身の疲れや、仕事の悩みは（昔は）君よりもっと大変でしたよ。

お母さんは五月のはじめに一か月ほど病気をしました。一種のvirus〔ウィルス〕による帯状疱疹で、左の胸と背中にできてとてもひどかったです。今はすっかりよくなりました。


一九六六年八月十二日〔英語で書かれた手紙*〕

［……］凌霄についてのちょっとした話はどれも私たちを興奮させます。特にお母さんは七月はじめからいつも日を数えています。「一か月後は凌霄の誕生日ね」「三週間後は誕生日ね」。そして昨晩は言いました。「もうあと三日だわ」。その口調はまるで赤ん坊がすぐそばにいるようでした。

君たちはわが子が日々成長するのを目の当たりにして、どんなに楽しいことでしょう！私たちの孫がそちらの客間や台所で、私たちの写真を眺めて、これが遠くにいるお祖父さんお祖母さんだと思っている、その光景はどんなにか胸を打つでしょう！

しかしそうであっても、いつかこの目で孫を見、胸に抱きしめることができるかどうかについては、私は少しも希望を持っていません……お母さんはそういう可能性を信じていますが、私には信じられません。

毛糸の服を受け取ったと、お礼を言うには及びません。お母さんはこんなに君たちと赤ん坊を愛しているのに、こういうことでしか気持ちを伝えることができないので、いつもあれこれ気に病んでいます。［……］

凌霄の満二歳の写真を心待ちにしています。もし正面から撮った写真を送ってくれれば嬉しいです。

［……］

生活は困難に満ちており、私たちは不断に自分を「改造」しなければならず、一切の伝統的な、資本主義的な、非マルクス主義的な思想感情、習俗と闘わなければなりません。私たちはあらゆる古い人生観と古い社会規範を捨てなければなりません。旧社会で四十年も暮らしてきて、頭が「西洋資本主義的民主反動思潮」で一杯の人間に

＊〔原注〕この手紙にはもともと日付がなかったが、内容から判断して、一九六六年八月十二日、すなわち凌霄の誕生日の二日前に書かれたものと思われる。彼らが二度と帰らぬ旅に出るのは、これからわずか三週間ほどあとのことである。これは父が息子に書いた最後の手紙である。

とっては、彼（毛）〔主席〕の言う「自己改造」はどうしてもひどく重い任務になります。私たちはできるかぎりを尽くし、全力を傾けて現在「プロレタリア文化大革命」が要求するさまざまなことに応えようとしています。［……］

私は一度に五分間しか本が読めず、新聞の長い文章はみなお母さんに読んでもらっています。この手紙も私が口述してお母さんにタイプで打ってもらっています。［……］

君たちを心から愛する

父さん　母さんより

傅雷の遺書　一九六六年九月二日

　これは両親が残した最後の手紙である。一九六六年九月二日の深夜に書かれ、九月三日の早朝に両親は従容と、淡々と、恨みを抱いて世を捨てた。その時兄は遠くイギリスにおり、私は北京にいたもののきわめて危うい状況にあった。この遺書は母の兄、朱人秀に宛てて書かれたものである。——傅敏

人秀

いわゆる反党の証拠（小さな鏡一つと色あせたグラビア一枚）がわが家から捜し出されたことについて、弁解の余地はありません〔鏡の裏には蒋介石の肖像が、グラビアには宋美齢の写真が載っていたとされる〕。しかし、私たちは死んでも自分の物だとは認めません（実際人から預かった箱の中から見つかった物なのです）。私たちに多くの罪があったとしても、これまで国家政権を転覆させようという考えを持ったことはありません。捜し出された証拠は弁解できないものではありますが、英明な共産党指導者と偉大な毛主席に導かれる中華人民共和国においては、そのために重罪になることは決してないと、私たちもわかっています。ただ無実の罪を着せられ、それをすぐことともできずに日々を過ごすことは、牢獄に入るより辛いのです。ましてや裏切り者の傅聡を育てたということだけでも、人民に対しては死んでも償いきれない罪なのです！　さらには私たちのような旧社会の残滓は、とっくに進んで歴史の舞台から下りるべきでしょう！

あなたは梅馥の実の兄ですし、私たちにはほかに肉親もいないので、後の事はあなたにお願いするしかありません。もし立場上難しければ、お上か裁判所に指示を受けて処理してください。

お願いするのは以下のことです。

一．九月分の部屋代五十五・二九元を代わりに払ってください（現金を添えます）。

二．武康大楼（淮海路のはじ）六〇六号室の沈仲章に、オメガの男物の腕時計を修理に出すよう頼まれていたので、それを返してください。

三．亡き母の遺産の残りは、人秀が処理してください。

四．古い掛け時計（スチールの）一つ、女物の腕時計一つを、お手伝いの周菊娣に贈ります。

五．六百元の預金証書を周菊娣に渡して、当面の生活費にさせてください。彼女は労働人民ですし、身よりもないので、理由もなく巻き添えにしたくないのです。

六．叔母の傅儀から預かった六百元の預金証書を返してください。

七．叔母の傅儀から預かった聯義山庄墓地の領収書は、今回紅衛兵に捜索されたあと見当たらなくなってしまいました。申し訳ありません。

八．叔母の傅儀から預かった装身具は、私たちのと一緒に紅衛兵に没収されてしまいました。預金証書三枚（合計三百七十元）と少額の貯金通帳三つで弁償させてもらいます。

九．朱純姉さんから預かった装身具は公のものにされてしまったので、代わりに謝っておいてください。預かった洋服箱二つ（三階の）は封をされてしまいました。陶器類の木箱一つは、お上の許しを得た後であなたが受け取ってください。家具いくつかについては、周菊娣に聞けばわかります。

十．私が使っていたオメガの自動巻腕時計と、古い男物の腕時計は、敏と×××にあげようと思っていましたが、彼らの政治的立場に悪影響を及ぼすのがはばかられるので、人秀が自由に処理してください。

十一．現金五十三・三〇元は、私たちの火葬代にしてください。

十二．上の階の宋さんが借りていた家具は、陳叔陶に引き取らせてください。

十三．もとからある家具は、あなたが処理してください。本や書画は役所に聞いて決めてください。


私たちのせいで迷惑をかけるのではと、心配でなりません。しかしほかに頼める人もいないので、どうかお許しください！

傅雷
梅馥
一九六六年九月二日夜

訳者あとがき

『傅雷家書』という交響楽

榎本泰子

傅雷《フーレイ》が自宅の寝室で夫人とともに首を吊ったのは、一九六六年九月三日未明のことだった。八月三十日の深夜、紅衛兵の一団が乱入し、三日三晩にわたる家宅捜索の結果、「反党の証拠」が見つかったとされた。傅雷のようにかつて「右派分子」とされた者に対して紅衛兵の追及は厳しく、息子・傅聡《フーツォン》の亡命についても激しい批判が浴びせられた。言われなき罪を着せられた傅雷の無念さは、その遺書に痛切に綴られている。芸術と人生に誠を貫いた知識人に最後の決心をさせたのは、あまりに無情な世の姿であった。

外国にいた傅聡が両親の死を知ったのは、それから二か月も後のことだった。コメントを取りに集まって来た記者の前で傅聡は黙して語らず、ただある日の演奏会で、聴衆に向かってこう言ったという。「今日演奏する曲は、どれも生前両親が好きだったものです」。文化大革命が終わり、名誉回復された両親の追悼会のために傅聡が帰国したのは一九七九年のことだった。亡命してからすでに二十年の歳月が流れていた。

傅雷とその時代

本書の底本である『傅雷家書』は、中国で一九八一年に初版が刊行されて以来、二十年以上にわたってロングセラーを記録している。二〇〇三年一月に遼寧教育出版社から刊行された最新版には、傅雷の手紙が百六十一通、妻・朱梅馥の手紙が三十九通収録されており、本書ではそのうち傅雷の手紙を六十通、朱梅馥の手紙を十四通選んで日本語訳した。

これらの手紙が書き始められた一九五四年は、中国の現代史でいう「解放後」、つまり一九四九年に中華人民共和国が建国されてまだ間もない頃である。共産党政権による統治が始まってから、傅雷のような知識人たちは希望と不安を抱えて生きていた。農民や労働者といったプロレタリア階級を社会の中心に据えた国家で、知識人＝インテリの立場が微妙なことは、すでにソ連の例が示していた。知識や教養を持つ人ほど、古い価値観と新しい価値観のせめぎ合いに苦しみ、試行錯誤を重ね、新しい時代に適応することを強いられた。傅雷は息子の海外留学を契機として、自己の内面を手紙に綴るようになるが、肉親への語りかけという最も率直で偽りない形で、十余年にわたる精神の軌跡が残ったことは、きわめて稀なことと言わなければならない。

傅雷は中国では一般にフランス文学の翻訳者として知られている。今日と異なりテレビやインターネットもない時代には、一般の人々の外国に対する知識は乏しく、外国文学を紹介するのは容易なことではなかった。そこで傅雷の仕事は単に言葉の翻訳をするというよりは、文化・風俗について考証を加え、時代や社会的な背景を分析するという、学者や批評家の領域にまで広がっていった。本書の手紙にもよく表れているように、傅雷の学識は文学・芸術全般にわたり、東西両文化に通じた思想家と言っても過言ではないほど豊かな精神世界を持っていた。

傅雷は一九〇八年に江蘇省南匯県（現在は上海市の一部）の裕福な地主の家庭に生まれたが、父・傅鵬の早世によって母一人子一人の寂しい幼年時代を送った。母・李欲振は息子の成長を生き甲斐にし、教育熱心のあまりせっかんに及ぶこともあったという。傅雷がのちに長男・傅聡にとりわけ厳しく接し、時に手を上げることもあったのは、自らの体験が影響しているのかもしれない。

傅雷は家庭教師に四書五経を習ったあと、上海市内の学校に転じ、徐匯公学、大同大学附属中学などを経て一九二六年に上海持志大学に入学した。しかしその教育に飽きたらず、翌年母の反対を押し切ってフランスに留学した。この留学が傅雷の幅広い教養を培い、人格の形成に大きな影響を与えることになる。

一九二八年秋にパリ大学文科に入学、同時にルーブル美術史学校で西洋美術史の勉強を始めた傅雷は、当地で多数の中国人留学生と出会い、のちの中国文芸界（中国語で「文芸」は文学と諸芸術を広く含む）を担う数々の人材と交友を深めた。その中には、中国美術界の第一人者である劉海粟（一八九六～一九九四）がおり、傅雷は劉らと共に美術館をめぐり、パリ画壇と交流することによって、西洋美術に対する理解を確かなものにしていった。

傅雷は美術だけでなく音楽にも強い関心を持ち、コンサートやオペラにもしばしば足を運んだ。傅雷は一時期フランス人女性との恋愛に悩み、祖国への思いや将来の不安なども絡んで「正に青春時代の、ロマンチックな憂鬱病」（一九五四年八月十一日の手紙）にかかっていた。そんな時にロマン・ロランの『ベートーヴェンの生涯』を読み、そこに描かれた「英雄」の像に強く共感した。人生の苦難に打ち勝って数多くの名作を生み出したベートーヴェンのたくましい意志の力は、傅雷にとって精神的な支えとなったのである。この体験はのちに『ジャン・クリストフ』の翻訳という大きな仕事に結実した。

傅雷は四年間の留学でついに学位を得ることはなかったが、西洋の文化芸術に対する愛情と理解を育んだことは、彼の後半生を大きく左右した。一九三一年に帰国した傅雷は上海美術専科学校（劉海粟が創立した中国初の美術学校、上海図画美術院の後身）の弁公室主任となり、フランス語と美術史の授業も担当した。しかし不正を憎み、率直に意見する性格が災いしてしばしば他人と衝突し、勤め人としての生活は長続きしなかった。十七、八歳の頃から小説に手を染めていた傅雷は、文筆で世に立ちたかったらしく、一時は美術批評家を目指していたという。友人と芸術雑誌を創刊したり、新聞・雑誌に評論を発表したりしているが、世は戦争の時代へ移りつつあり、芸術批評で一家を成すことは難しかった。傅雷は次第に文学作品の翻訳に精力を集中するようになっていく。

留学中から抜群のフランス語力を誇っていた傅雷は、入念な下調べと推敲の繰り返しによって、独特の翻訳文体を作り上げたと言われる。ロマン・ロラン、バルザック、モロア、ヴォルテールなどの三十余の作品が、傅雷の翻訳によって中国で知られることになった。そのうちロマン・ロランの『ジャン・クリストフ』は、のちの文化史研究者によって「中国の近代社会に影響を与えた百の翻訳作品」に選ばれるほどの代表作となった（鄒振環『影響中国近代社会的一百種訳作』中国対外翻訳出版公司、一九九四年）。『ジャン・クリストフ』は著者ロランにノーベル賞をもたらした大作で、主人公はベートーヴェンの面影を宿す音楽家である。傅雷は約五年の年月をかけてこの作品を翻訳し、第一巻は一九三七年、第二〜四巻は抗日戦争さなかの一九四一年に出版された。主人公が幾多の苦難を乗り越え音楽家として成長していく姿、そして行間にほとばしるロランのヒューマニズムは、中国の学生・知識人に大きな感銘を与えた。そこに描かれた「英雄」の像——時代の苦悩を我が身に引き受け、社会と人類全体のために奉仕する偉大な精神は、日本軍の侵略という危機に直面した中国で圧倒的な支持を受けたのである。傅雷は人民共和国建国後の一九五二年から再度『ジャン・クリストフ』の翻訳出版に取り組んでおり、彼にとってこの作品がとりわけ重要なものであったことがわかる。そして本書の手紙によく表れているように、音楽の才能豊かな息子を持ったことにより、この作品はまた異なる意味で理想と希望の象徴になっていったのだった。

傅雷の訳業のうち、バルザックの一連の作品も忘れることができない。『ユージェニー・グランデ』、『従妹ベット』、『従兄ポンス』、『ゴリオ爺さん』などの代表作が傅雷によって次々に紹介された。近年日本でも公開された映画『小さな中国のお針子』は、傅雷の翻訳が中国の読者にどれだけ大きな影響を与えたかを鮮やかに物語っている（原作は戴思傑がフランス語で書いた小説『バルザックと小さな中国のお針子』。日本語版は新島進訳、早川書房、二〇〇二年）。文化大革命で四川省の山奥に下放された知識青年が、当時禁書となっていた外国小説の翻訳をこっそり読んでは、文字を知らない村の人々に語り聞かせる。青年が愛する美しいお針子は、バルザックの『ユルシュール・ミルエ』によって、山の向こうに知らない世界が広がっていることを初めて知る。彼女はまだ見ぬ世界に焦がれて、ある日ついに青年を捨てて村を出るのだった。主人公の若者たちを突き動かすのは、文学の「魔力」とでも言うべき力であり、それを流麗な文体で紡いでみせたのが傅雷の翻訳だったのである。ちなみに本書の手紙が書き始められた一九五四年一月、傅雷はちょうど『ユルシュール・ミルエ』を翻訳している最中だった。自分の訳業が、他人の小説や映画を通じて、半世紀も経ってから世界中に知られることになるとは、傅雷も想像していなかったのではないだろうか。

傅雷の翻訳作品は中国の地に広まって多くの人々の心を動かしたが、傅雷その人について、生前それほど知られていたとは言えないだろう。それは近現代の中国において、翻訳者の地位が作家に比して低かったこととも関係がある。またそれ以上に、傅雷がいわゆる「左翼作家」ではないために、共産党が主導する文芸界でその業績が評価されにくかったという事実がある。

中華人民共和国が成立した時、傅雷も多くの知識人と同様、祖国建設に参加するか、それとも国外脱出かの選択を迫られた。傅雷は疎開先の昆明から香港に脱出したものの、結局祖国に帰る道を選んだ。上海に戻った当初は健康がすぐれなかったこともあり、自宅にこもって翻訳に専念していたが、共産党の知識人政策の変化が、傅雷の人生に転変をもたらすことになった。

本書で紹介した傅雷の手紙は一九五四年一月から一九六六年八月までの十二年間にわたるが、これは傅雷が引きこもっていた書斎から外をのぞき始め、祖国の未来に期待をもって「百花斉放・百家争鳴」の運動に参加し、手ひどく裏切られ、再び自らの世界に沈潜していく過程にそのまま重なる。本書の前半、傅聡の出国からショパンコンクールでの入賞、欧州での活躍は、正に傅雷が政治に参画し始めた上り調子の時に相当する。「傅聡の父」

としての名声も加わり、その高揚感はありありと手紙にも表れている。しかし率直な発言ゆえに反右派闘争の犠牲となり、「右派分子」のレッテルを貼られたことは、父子の運命を暗転させた。ポーランド留学を終えた傅聡は、帰国を目前にした五八年末、イギリスに渡った。この行動は両親にとって全く思いもよらなかったようで、一年近くも中断された文通が、その衝撃を物語っている。

傅雷の晩年は、もっぱらバルザックの翻訳と息子との文通に費やされた。社会主義体制下で、資本主義国家に亡命した者との文通は許されるはずもなかったが、当時の周恩来首相のはからいで実現したという。手紙からうかがう限り、送金や物品のやりとりも可能だったようで、病気がちの両親のために、傅聡は相当な仕送りを続けていたようだ。傅雷に貼られた「右派分子」のレッテルは、一九六一年にははずされたが、一九六六年に文化大革命が発動された時、真っ先に批判の矛先となったのはこれらの「レッテルをはずされた右派分子」だった。傅雷が紅衛兵の襲撃を受けたのは、当時「スパイ」の嫌疑をかけられていた上海音楽学院教授、李翠貞と親交があったからだとも言われる。傅雷は自殺し、李翠貞もまた愛用のピアノのそばで命を絶った。傅雷の友人たち、音楽家や作家、ジャーナリストなどが、次々に激しい批判大会にかけられ、強制労働に追いやられた。

十年に及んだ文化大革命の嵐が過ぎ去り、人々が文学や音楽を渇望するようになった時、傅雷の名は甦った。傅雷夫婦が書き送った手紙はほとんど失われることなくロンドンの傅聡の手元に保管されており、やがて北京の傅敏に託され、整理・編集を経て一九八一年に『傅雷家書』として出版された。実生活の苦難に耐え、翻訳という地道な作業に人生を捧げた傅雷の姿が広く知られるようになり、その高潔な人柄と深い学識が若い世代の心をも捉えたのであった。例えば『黄色い大地』や『さらばわが愛　覇王別姫』などで世界的に知られる映画監督の陳凱歌は、その自伝の中で傅雷について以下のように言及している。

傅雷もまた、一代の偉才だろう。だが彼は、最後まで他人に理解してもらおうとは思わなかった。生そのものに固執せず、死を選ぶときも外の力には頼らなかった。だからこそ、悠々と生き、去っていった。彼が死を選んだのは、憤激したからだ。だが、それ以上に誇りのためでもあった。生あるうちのことは、これで終わる。傅雷と夫人は、まるでドアを開けて別の部屋に入るかのように、死を泰然と迎えた。現世を振りかえれば、賛辞も恨みもない。なんの希望さえも残さなかった。希望は、自分の翻訳作品にこめていたのかもしれない。真の人間ともいうべき人の自殺は、あたかも花を砕くようなもの

だろうか。衝撃とともに、艶やかな香りが広がっていく。(中略)
古の悲憤の士は、自由や信念のために、そしてより多くは、尊厳と名誉のために、おのれを貫けぬときに自尽して果てた。その意味では、「傅雷氏はまさに古の読書人であった」。(陳凱歌『私の紅衛兵時代』刈間文俊訳、講談社現代新書、一九九〇年)

陳凱歌のように、文革期に青春を過ごした紅衛兵世代が現在中国社会の中核となっているが、無数の人間の運命が狂わされた動乱の時代に、際立った人間性を表した傅雷という存在は、今後も長く語り伝えられていくことだろう。

『傅雷家書』の出版に続き、『傅雷訳文集』全十五巻も一九八一年から順次刊行された。『バルザック全集』のように作者の名前ではなく、翻訳者の名前を冠した文集は中国では前例がない。改革・開放が進むにつれ、傅雷が人民共和国建国以前に発表した評論なども日の目を見るようになり、一九九八年には『傅雷文集』全三巻が刊行された。文学・美術・音楽と多領域を自在に横断する芸術批評、抗日戦争から国共内戦に至る時期の政治的な論説なども収録され、傅雷という人物の全体像がようやく明らかになったと言える。二〇〇二年にはこれらを集大成する形で『傅雷全集』全二十巻が刊行された。それは傅雷を知るための手がかりであると同時に、解放前・解放後の上海を連続して生きた知識人の生活と思想を知るための重要な資料でもある。

上海は十九世紀半ばから西欧列強の租界を中心に発展し、一九二〇年代から三〇年代にかけては「東洋のパリ」と呼ばれるほどの繁栄を誇った。同時代の欧米文化がそのまま流入する上海租界は、中国近代文化の最先端でもあった。文学・芸術はもちろんのこと、新聞・雑誌、映画やラジオなど新時代のメディアもこの地で育っていった。そしてそれらを担ったのが、欧米や日本などへの留学経験を持つ知識人たちだったのである。『傅雷家書』からは、傅雷の幅広い交友関係が透けて見えるが、友人たちの多くは傅雷と同様、上海で近代的な教育を受け、欧州などに留学し、外国語に堪能であった。彼らはいわば、当時の中国において、西洋文明の何たるかを最もよく知る人々であった。ところがその後の時代の変遷は、彼らのアイデンティティを大きく揺るがすことになる。一九三〇年代後半から五〇年代、すなわち抗日戦争から国共内戦、人民共和国の建国に至る時期、ナショナリズムが高揚し、「愛国」の名のもとに西欧資本主義的な文化・思想は次第に否定されていく。そんな中、上海の知識人たちは自己の西洋的教養とどのように向き合おうとしたのか――このような問題を考える上でも、傅雷の生を跡づけることは重要な意義を持っているのである。

上海に花開いた西洋音楽

『傅雷家書』を抄訳するにあたっては、傅雷の人となりを的確に伝え、芸術論・人生論・教育論など幅広いテーマをまんべんなく紹介するよう努めた。原書はピアニストの息子に宛てた手紙という特質から、音楽について論じるものが自ずと多くなっている。傅雷の語るモーツァルトやベートーヴェンは、中国人がどのように西洋音楽を聴いたのかという問題を探るための貴重な資料とも言えよう。

傅雷が一生の大半を過ごした上海は、近代以来、中国でも有数の音楽の都であった。二十世紀初頭、近代化の方法を学ぼうと多くの留学生が日本に渡り、西洋の学術思想を日本経由で中国にもたらしたが、音楽教育に最初に着目したのもこのような留学生だった。例えば上海出身の沈心工（一八七〇～一九四七）は、日本の子供たちが歌う「唱歌」に中国語の歌詞をつける工夫をし、帰国後多数の中国語版唱歌集を編纂した。これが上海の小学校などで音楽の授業に取り入れられ、ドレミファソラシの西洋音階が普及する皮切りとなった。すでに中国では各地の租界などでミッションスクールが設立され、外国人教師によって、中国人子弟に賛美歌やピアノなどの音楽教育が行われていた。中でも上海は、共同租界とフランス租界という広大な土地の中に、いくつものミッションスクールが開かれ、特に富裕層の女子がピアノを弾く姿は珍しくなかった。傅雷の妻、朱梅馥もこうしたミッションスクールで教育を受けた一人で、ピアノを弾くことができたという。また英語の読み書きもできたことから、傅雷の原稿や手紙の清書、資料整理などにその「内助」を存分に発揮したことはよく知られている。

ところで中国の伝統音楽の世界では、楽器を人前で演奏するのは「芸人」のすることであり、良家の男子が音楽を一生の仕事にすることは考えにくかった。しかし一九二二年に最高学府たる北京大学に附属音楽伝習所が設けられ、外国人教師などを招いてピアノやヴァイオリンを教え始めると、音楽は西洋的教養の一つとして、次第に社会的な認知を得るようになった。当時北京大学の校長だった蔡元培(一八六八〜一九四〇)は「美育(芸術教育)」の提唱者であり、北京大学は高名な学者や作家を結集した新文化運動の中心地だった。ただし一見新しく見える音楽教育の中にも、旧来の儒教的音楽観、すなわち音楽を通じての「人格の陶冶」や「公序良俗の維持」という考え方がかなり反映されていた。このような音楽観、教育観は、中国人が西洋音楽を受容した際の特色の一つと言うことができるだろ

う。

一九二七年、上海に中国初の独立した音楽学校である国立音楽院が創立され、音楽教育の中心地は上海に移った。良い教師を得ることが難しかった北京に比べ、上海ではイギリス人居留民を中心とした音楽活動が盛んに行われ、市営楽団である工部局交響楽団も存在していた。国立音楽院（のちに国立音楽専科学校と改称。現在の上海音楽学院）は、この楽団のイタリア人コンサートマスターや、ロシアからの亡命音楽家などを教師に迎え、世界水準の教育を目指した。中国の第一世代の音楽家たちは、ここから育っていくことになるのである。

傅雷の長男傅聡は一九三四年に生まれ、幼い頃から傅雷が聴くクラシック音楽のレコードに強い興味を示したという。傅聡は七歳の頃、父の友人で数学者である雷垣に英語を習っていたが、雷垣はかつて国立音楽専科学校で学んだことがあり、自宅にピアノを持っていた。ある時雷垣が試しにピアノをたたいてみると、傅聡は見ていなくてもどの音かを全部あてることができた。つまり「絶対音感」を持っていたのである。この話を聞くと傅雷は非常に喜んで、傅聡にピアノを習わせることに決めた。傅聡は週一回雷垣の家に通うことになったが、自分の家にピアノがなかったので、そのうち練習に困るようになった。そ

こで傅雷夫婦は熟考の末、朱梅馥が嫁入りの時に持ってきた装身具を売り払い、グランドピアノを傅聡に買い与えたのである。当時中国ではまだピアノは生産されておらず、わずかに高価な輸入品が出回っているだけであった。傅雷の家にピアノが運び込まれた日は、近所の人が見物に集まってきて窓の外に鈴なりになったという。

傅聡の進歩は著しく、じきに専門家ではない雷垣の手には負えなくなった。本書の手紙にも名前が登場する李蕙芳という女性に習ったあと、上海音楽界の重鎮マリオ・パーチの門をたたくことになる。パーチはイタリア出身のピアニスト・指揮者で、その師ズガンバーティは、十九世紀最大のヴィルトゥオーソ、リストの弟子だった。パーチ自身、十七歳の若さでリストコンクールで優勝したという経歴を誇るから、リストの系譜を引く正統派ピアニストと言えるだろう。パーチは一九一八年末、演奏旅行の途中に上海の土を踏み、その力量を見込まれて工部局交響楽団の指揮者に迎えられた。イタリアで歌劇場の副指揮者も務めたことがあるパーチは、多国籍の音楽家からなる楽団を率いて精力的に演奏活動を行い、上海音楽文化の興隆に貢献した。しかし戦争の影響もあって一九四二年に引退し、その後はもっぱらピアノを教えて暮らしていた。傅聡のピアノの基礎は、このような音楽家によって形作られたのである。しかしパーチは四六年に上海で亡くなり、国共内戦の混

乱もあって、傅聡は長く独学を余儀なくされた。傅聡は一家が避難した昆明に一人残って雲南大学外文系（外国文学部）に入学したが、ピアノへの思いはやみがたく、演奏会を開いて同級生たちから旅費を集め、帰郷を果たしたという。五一年に上海に戻ったあとは、ソ連国籍のブロンスタイン夫人に師事し、五二年二月に上海交響楽団（工部局交響楽団から改称）とベートーヴェンのピアノ協奏曲「皇帝」を演奏してデビューした。翌年ルーマニアのブカレストで開かれた世界青年友好祭ピアノコンクールに参加して三位に入賞、そしてショパンコンクールに招待されることになったのだった。

傅雷の手紙でもしばしば言及されているように、傅聡は早くからその才能を示しながら、時代の影響もあってなかなか体系的な訓練を受けることができなかった。十八歳でデビューしたため、当時国内最高水準の教育機関だった上海音楽学院とも直接の関わりを持っていない。技術的な遅れを克服できたのは、やはりポーランドに渡ってジェヴィエツキの指導を受け、東欧やソ連の優れた演奏家たちと交流したことが大きいだろう。傅聡が第五回ショパンコンクールで三位に入賞したのは、コンクール史上、東洋人として初の快挙であり、世界の楽壇にデビューした最初の中国人ピアニストとなった。この時のコンクールで一位はお膝元ポーランドのハラシェヴィチ、二位は今日最も人気の高いピアニストの一人であるアシュケナージであったことから見て、その競争はかなり熾烈だったと考えられる。ちなみにこの年のコンクールでは、日本の田中希代子も十位に入賞している。

また傅聡がマズルカ賞をも獲得したことは大きな話題を呼んだ。マズルカはショパンの民族魂を濃厚に表現したものとして知られ、その真髄はポーランド人にしか理解できないと考える人も多かった。傅雷は一九五六年十一月に『文匯報』に発表した「傅聡と音楽を語る」の中で、傅聡のマズルカ賞に触れてこう述べている。「真に自己の民族の優秀な伝統精神を理解し、自己の民族の魂を備えた者だけが、他の民族の優れた伝統を徹底的に理解し、彼らの魂に浸透することができる」。傅聡が幼い頃、傅雷は自ら中国古典を抜き書きして教材を作り、伝統文化を理解させることに努めてきた。その傅雷にとって、傅聡の成功は正に自己の理想の実現であったと言えるだろう。手塩にかけた息子が世界に飛翔していくこの時期、傅雷は幸福の絶頂にあったのではないだろうか。

傅聡はコンクールの成績をもってワルシャワ音楽院の奨学生の待遇を得たが、この時期をポーランドで過ごしたことは、彼の人生に決定的な影響を与えた。一九五六年二月、フルシチョフのスターリン批判によって東欧各国は自由化の機運が芽生え、ポーランドやハンガリーでは反ソ暴動が起こった。政治的な「雪解け」は音楽界にも波及し、一九五六年十月に開催された「ワルシャワの秋」音楽祭は、西欧現代音楽との交流が開かれた画期的なものとなった。以後ポーランド音楽界はイデオロギーからの自由を求めた前衛的傾向が強くなっていき、それを目の当たりにした傅聡が、活躍の道を西欧に求めたのは無理もないことであった。同じ時期に祖国の父が反右派闘争で断罪され、帰国すれば自分も父を批判しなければならない立場に立たされるのは明らかだった。これは父親思いの傅聡にとって、どうしてもできないことであった。

ロンドンに居を移した傅聡は世界的ヴァイオリニスト、ユーディ・メニューインの知遇を得、その自宅を訪れるうちに娘ザミラとの恋が芽生えた。本書の手紙では新婚時代の彼らの生活がうかがえて微笑ましい。メニューインの娘婿となったことは、傅聡の欧州での地位を安定させることになり、岳父と室内楽を共演するなど、演奏家としての経験にも少なからぬ影響を与えたと思われる。メニューインはその自伝の中で、傅雷の手紙について次のように言及している。「彼の父〔傅雷を指す＝引用者注〕は高名なフランス語学者で、わたしたちがいつも秘蔵している手紙を中国から送ってきたが、それは毛筆で書かれた（あるいは描かれた）実に教養のあるフランス語で、世界最古の二つの人種、中国人とユダヤ人がこのように結ばれる幸福感を述べていた」（『果てしなき旅――メニューイン自伝』和田亘訳、白水社、一九七九年）。傅聡とザミラの間には長男凌霄が誕生したが、のちに結婚生活は破局を迎えた。傅聡は中国系英国籍ピアニストと再婚し、次男凌雲をもうけたが、その名も祖国の両親が生前に考えていたものであった。

傅聡はショパン、ドビュッシーの演奏で定評があるが、そのレパートリーは幅広く、ハイドン、モーツァルト、ベートーヴェン、スカルラッティなどの作品をレコーディングしている。楽曲に対する深い理解と、堅実なテクニックの中に、時折はっとするようなダイナミックな表現が表れ、その息づかいまでが聴く者に伝わってくる「熱い」演奏である。改革・開放政策を取り始めた中国では、傅聡を第一世代のピアニストとして厚く遇し、一九八二年には北京の中央音楽学院の兼任教授として、八八年には上海音楽学院の客員教授として招聘した。八九年の天安門事件以後、傅聡の訪中はしばらく途絶えていたが、近年再び演奏会や教育活動のためしばしば訪れるようになった。二〇〇四年の今年ちょうど七十歳を迎えた傅聡は、一月に北京で大々的にリサイタルを開き、情熱あふれる演奏で聴衆をわかせた。新聞報道によると、故障の絶えなかった両手も上海で漢方医に治療してもらった結果状態がよくなり、現在は心身共に好調で、七十歳どころか「十七歳のように感じられることもある」と語ったそうである。

傅聡は第七回ショパンコンクールの覇者、マルタ・アルゲリッチとの交友でも知られ、近年は「別府アルゲリッチ音楽祭」のために続けて来日している。今年五月で第六回を迎える音楽祭でも公開マスタークラスやリサイタルが予定され、日本のファンの熱い期待が寄せられている。

二〇〇〇年の第十四回ショパンコンクールでユンディ・リ（李雲迪）が中国人として初めて優勝して以来、中国ピアノ界は世界の注目を集めるようになった。傅聡が世界の楽壇に登場してから半世紀、途中文化大革命の空白期を経て、ようやくの感がある。現在中国は飛躍的な経済発展とともにピアノを学ぶ子供の数も増え、都市部では高価なオーディオ製品で音楽を楽しむ人々も珍しくなくなった。『傅雷家書』の初版が刊行された一九八一年当時は、傅雷の語る西洋音楽は「ハイカラ」なインテリの芸術談義と思われたかもしれないが、今日の若い読者はまた異なる読み方をするに違いない。

傅雷の西洋音楽観はかなり観念的であり、ロランのベートーヴェン観のように、十九世紀末から二十世紀初頭の時代状況を色濃く反映した解釈を、書物を通じて取り入れている。作品そのものの分析と言うよりは、作曲家の生き方や思想を重視したものであり、このような解釈を権威主義的で古くさいと感じる向きもあるだろう。しかし傅雷にとって、人生と芸術は決して別のものではなく、優れた芸術作品を残すためには優れた人間性が必要であると考えられていた。それはロランの思想を受け入れ、自己の伝統的な芸術観と照らし合わせることで育まれた傅雷自身の信念であり、西洋と東洋の良心が結び合った幸福な形であった。だからこそ傅雷は、傅聡に宛てた手紙で繰り返し「道徳」や「人格」の修練を求め、「まず人であれ。それから芸術家であれ。その上で音楽家であれ。最後にピアニストであれ」（一九六〇年十二月三十一日の手紙）と説いたのだった。

また傅雷がヘンデルやスカルラッティについて語る時、その基本的概念が当時の欧州音楽学の成果を踏まえたものであるにしても、随所に「中国的」な解釈が見られることは大きな魅力となっている。宗教の影響を排除し、人間の自然な姿を追求した結果、古代ギリシア文化に行き着く傅雷の思想的展開は、本書の手紙にも明らかである。しかしそれは決して単なる西洋文明の礼賛ではなく、自らの中華文明の本質を突き詰めた時に、古代ギリシアにも通じる普遍性を発見したということにほかならない。傅聡のマズルカ賞について述べた言葉からもわかるように、傅雷にとって自己の民族性を突き詰めることは、人間の本質を理解し、人類の普遍性へと至る道であった。だから傅雷が西洋音楽を語る際、唐詩や老荘思想や儒教の格言を引用するのは、彼にとってごく自然なことであり、必要なことだったのである。

本書の題名に用いた「弦外の音」は、一九六五年二月二十日の手紙に出てくる言葉である。そこには同じ意味で「無音の音を聴く者は聡なり」という『淮南子《えなんじ》』の一句が引用されるが、傅聡の名がこれに通じることは象徴的である（もっとも傅聡自身は、かつて訳者の質問に答えて、父がこの名を自分に付けたのは偶然だと笑っていたが）。傅雷は音楽であるか、また美術であるか文学であるかを問わず、常に芸術作品の持つ「弦外の音」に耳を傾けようとした人物であった。そしてこの「弦外の音」とは、一人の人間として誠実であり続けるならば、民族や国家や時代の別を超えて、人類が等しく聴き取ることができるものだったのである。

翻訳にあたって

訳者は今から十年以上前、指導を受けていた刈間文俊先生に勧められて『傅雷家書』を手に取った。以来、中国人が語る西洋音楽の世界に魅せられ、修士論文執筆の際には、ちょうど来日公演した傅聡に話を聞かせてもらう機会にも恵まれた。いつかは『傅雷家書』の翻訳に取り組みたいという願いは、今回白井啓介先生の強力なサポートと、樹花舎の花村健一氏の献身的なコーディネートを得て、ついに実現することになった。まず雑誌『教職課程』（二〇〇一年十月号〜二〇〇二年八月号）に「異郷にいる息子への手紙『傅雷家書』より」として一部を連載し、単行本化の過程で大幅に補筆・訂正を加えた。

本書を上梓するには多くの困難を乗り越えなければならなかった。版権を所有する北京の傅敏氏は、現代の日本の読者に『傅雷家書』が果たして理解できるかどうか危ぶみ、当初翻訳出版にあまり乗り気ではなかった。傅敏氏は傅聡より三歳年下の一九三七年生まれ、家庭背景ゆえに文化大革命中は激しい批判を受け、一時は死を考えるほどだったという。改革・開放の時代になって父親譲りの外国語の才能が発揮され、北京の中学（日本の中学と高校に相当）の英語教師として活躍、一九九一年には北京市の「英語特級教師」の称号を得るに至った。また、父の業績を顕彰することに力を尽くし、『傅雷家書』の編集をはじめ、『傅雷訳文集』、『傅雷全集』などの刊行にも貢献した。

父の業績と人となりを正しく世に伝えることに多大な精力を払ってきた傅敏氏は、抄訳にあたっての取捨選択から、本文・訳注全ての日本語チェックを北京側で行いたいと提示してきた。翻訳出版の常識を超えるこの条件にとまどう日本側の前に、救世主が現れた。北京放送局の陳真先生である。陳真先生はそれまで面識のなかった傅敏氏の依頼を快く引き受け、気むずかしい傅敏氏と訳者の間に立って、原稿のすみずみまで目を通してくださった。これは結果として、本書の完成のためになくてはならないものとなった。なぜなら「家書」とは家族の間でやりとりされる手紙であり、人間関係や話題を共有しない他人（それも外国人）にとっては、読み解きにくいことはなはだしい。さらに、当時の政治的・社会的状況を反映した各種の表現に対して、訳者の知識は乏しく、実に多くの字句を直していただくことができたからである。学者の家庭に生まれ、日本で育った陳真先生の日本語は、もし傅雷が日本語で話したらかくやと思われるほど美しかった。「父親らしい」文体が作れないと悩む訳者を、「あなたの文体は傅雷の文体の雰囲気をよく伝えている」と励ましてくださったことは、訳者にとって何より大きな自信となった。療養中のお体であるにもかかわらず、『傅雷家書』をぜひ日本のみなさんに読んでもらいたい」という強い情熱と責任感で、困難な仕事を成し遂げてくださった陳真先生に、心からの敬意と感謝を捧げたい。

以上のような経緯はあったものの、最終的には傅敏氏の理解も得られ、日本の読者のために、原書にはない章立てや章ごとのタイトル・解説も加えることができた。抄訳にあたっての取捨選択も含め、本書の文責が全て訳者にあることは言うまでもない。

傅雷の手紙は中国語の間に多くの英語やフランス語が散りばめられ、訳出に難儀した時はいつも同僚である同志社大学言語文化教育研究センターの先生方にお世話になった。ちょうど訳者が学校を替わる最後の時期にあたったが、各言語のプロフェッショナルが揃っている職場環境を本当にありがたいと思った。また、西洋現代音楽と美術の専門家である同センターの清水穣先生には、原稿全体に目を通していただき、貴重な意見を得ることができた。この場を借りて御礼を申し上げたい。

訳者が修士論文で傅雷を取り上げてから、芳賀徹先生、平川祐弘先生、川本皓嗣先生は常に関心を寄せてくださり、研究の方向性や翻訳出版の方法などについて多くのアドバイスを賜った。また塚本明子先生には、ポーランド音楽事情などについて重要な教示を賜った。このほか有形無形の援助を与えてくださった東京大学比較文学比較文化研究室の先生方・同窓諸氏に改めて感謝申し上げたい。

白井啓介先生には、本書のために特に解説を書いていただいただけでなく、訳注の付け方など細かい点まで丁寧なアドバイスを賜った。訳者が大学院生の頃からいつも暖かく見守ってくださった先生と、こうして一緒に仕事ができたことは、大きな喜びであり感慨もひとしおである。これまでのご指導に心から感謝申し上げたい。

最後に私事を一つ。「父親らしい」文体について考えている時に、ある先生から「あなたはお父さんから手紙をもらったことがありますか」と聞かれた。残念ながら訳者は父親から一度も手紙をもらったことがない。小学校の教師だった父は四十六歳の若さで亡くなり、まだ高校生だった訳者は父と大人の語らいをすることはついになかった。四十六歳と言えば、ちょうど傅雷が傅聡をポーランドに送り出した年齢に当たる。傅雷のような大知識人には到底及ばないが、中国の詩や格言が好きだったわが父がもし生きていれば、どんな手紙を書いたのだろうか？　父はもともと社会科が専門だったのに、晩年道徳教育に力を入れていたのはなぜだったのだろうか？――

訳者がそうであったように、多くの読者が、本書を通じて家族を思い出すだろう。それは時間と空間を超え、生死の境を超えて、愛する者と向き合う心の旅になるだろう。

二〇〇四年三月

訳者　榎本泰子（えのもと・やすこ）
一九六八年生まれ。東京大学大学院総合文化研究科博士課程修了。学術博士。同志社大学言語文化教育研究センター助教授を経て、二〇〇四年四月より中央大学文学部助教授。著書『楽人の都・上海―近代中国における西洋音楽の受容』（研文出版、一九九八年）でサントリー学芸賞、日本比較文学会賞を受賞。

『傅雷家書』（傅敏編、遼寧教育出版社、2003 年）

君《きみ》よ弦外《げんがい》の音《おと》を聴《き》け

ピアニストの息子《むすこ》に宛《あ》てた父《ちち》の手紙《てがみ》

二〇〇四年五月二十五日初版第一刷発行

訳　者　榎本泰子《えのもとやすこ》

発行者　花村健一
発行所　樹花舎（きのはなしや）
〒一一一-〇〇五六　東京都台東区小島一-三-九
電話／FAX〇三-五六〇九-八一一〇
発売所　星雲社
〒一一二-〇〇一二　東京都文京区大塚三-二十一-十
電話〇三-三九四七-一〇二一　FAX〇三-三九四七-一六一七
印刷・製本　モリモト印刷株式会社
落丁・乱丁はお取り替えします。
定価はカバーに表示してあります。
ISBN4-434-04213-0 C0095